Christine Bier

Das kleine Knödelbuch

Inhalt

EIN WORT ZUVOR

Deutsche Klöße und Knödel sind allseits beliebt. Ob Bayern, Thüringen, Schwaben oder Sachsen – jede Region hat ihre eigenen Rezepte. Im Norden nennt man ihn Kloß, im Süden heißt er Knödel. So mancher hält Bayern für ihr Heimatland, doch sie sind weiter gereist. Bauernknödel aus Mehlteig kommen aus Thüringen, der berühmte Serviettenknödel stammt aus Böhmen. Kartoffelknödel sind aus dem Osten nach Bayern gewandert. Auf ihrem Weg über Österreich nach Norditalien entstanden die heute auch bei uns beliebten Gnocchi.

Bereits im Mittelalter kannte man Knödel – zubereitet als Fleischknödel, versetzt mit Brotstücken als Bindemittel. Nach dem Dreißigjährigen Krieg und in den folgenden zwei Jahrhunderten jedoch war Fleisch unerschwinglich – eine Delikatesse für Sonn- und Feiertage. So gaben die Menschen immer mehr Brot in den Knödel und schufen den Brot- und Semmelknödel. Die ersten Rezepte für Kartoffelknödel entstanden im 16. Jahrhundert, als die Kartoffel nach Europa kam.

Die in Wasser, Milch oder Brühe gegarten Bällchen gibt es in den unterschiedlichsten Größen und Varianten. Meist bilden rohe oder gekochte Kartoffeln, Brötchen oder Mehl die Grundlage. Man serviert sie als Suppeneinlage, als Hauptspeise oder Beilage oder als Nachspeise zum Dessert. Es gibt sie gefüllt, paniert oder gebacken. Ganz gleich, für welche Art der Zubereitung Sie sich entscheiden, wichtig ist, dass Sie einige Grundregeln beachten. Wie Sie Knödel, Klöße und Nockerln am besten zubereiten, lesen Sie auf Seite 7 f. Ob Semmel-, Leber-, Speck- oder Germknödel – mit diesem Buch ist das Knödelkochen kinderleicht!

RUND UM DEN KNÖDEL

Mancher Knödel schrieb Geschichte: Der Kochkunst einer wackeren Bürgerin war, so sagt man, die Rettung der Stadt Deggendorf zu verdanken. Als 1266 der böhmische König Ottokar die Stadt Deggendorf belagerte, zog die Bürgerwehr zur Verteidigung in den Zwinger. Die feindlichen Truppen plünderten die Häuser vor den Stadttoren und bereiteten die Erstürmung der Stadt vor. Damit die Bürgerwehr jederzeit abwehrbereit blieb, brachten die Bürgersfrauen das Essen zum Zwinger.

Die Wohnung des Bürgermeisters lag unmittelbar gegenüber der Stadtmauer. Als die Frau des Bürgermeisters eben an ihrem Küchentisch ihren Knödelteig zubereitete, erkannte sie einen feindlichen Eindringling auf der Mauerbrüstung. Sie erschrak nicht wenig, und ohne zu zögern warf sie ihm einen großförmigen Knödel mitten ins Gesicht, so dass der – völlig überrascht – rücklings von der Leiter in den Stadtgraben stürzte. Pudelnass kehrte der böhmische Späher ins Lager zurück und meldete dem Hauptmann: »Die Deggendorfer haben noch so viel zu essen, dass sie mit Knödeln schießen können.« Daraufhin zogen die feindlichen Truppen ab. Die Stadt war gerettet!

(Quelle: Stadt Deggendorf)

Die Frage, ob Semmelknödel nicht Semmelnknödeln heißen müssten, diskutierten die Münchner Karl Valentin und Liesl Karlstadt, wobei dieses Problem in Bayern bis heute nicht so ganz geklärt ist.
Liesl Karlstadt: »Man sagt schon von jeher Semmelknödel.«
Karl Valentin: »Ja, zu einem – aber zu mehreren Semmelknödeln sagt man Semmelnknödeln.«
Liesl Karlstadt: »Aber wie tät man denn zu einem Dutzend Semmelknödel sagen?« Karl Valentin: »Auch Semmelnknödeln – Semmel ist die Einzahl, das musst Ihnen merken, und Semmeln ist die Mehrzahl, das sind also mehrere einzelne zusammen. Die Semmelnknödeln werden aus Semmeln gemacht, also aus mehreren Semmeln, du kannst nie aus einer Semmel Semmelnknödeln machen.«
Liesl Karlstadt: »Machen kann man's schon.«
Karl Valentin: »Jaja, machen schon, aber wenn du aus einer Semmel zehn Semmelnknödeln machen tätst, dann würden die Semmelnknödeln so klein wie Mottenkugeln. Dann würde das Wort Semmelknödel schon stimmen. Weil's bloß aus einer Semmel sind. Aber solang' die Semmelnknödeln aus mehreren Semmeln gemacht werden, sagt man unerbittlich: Semmelnknödeln.«

TIPPS UND TRICKS FÜR DIE ZUBEREITUNG

- Für Kartoffelklöße benötigen Sie mehlig kochende Kartoffeln, die reichlich Stärke enthalten. Mit fest kochenden Salatkartoffeln oder »neuen« Kartoffeln wird der Teig so feucht, dass die Klöße nicht gelingen.
- Den Teig nicht zu stark durcharbeiten, damit nicht zu viel Stärke hineingelangt und die Klöße zäh werden. Gute Klöße erfordern ein wenig Übung!
- Der Kloßteig ist dann richtig angemacht, wenn er sich leicht von der Schüssel löst. Er soll weder klebrig noch zu weich sein.
- Den Teig nicht stehen lassen, sondern gleich verarbeiten.
- Besonders schönen, glatten Glanz erhalten manche Klöße, wenn Sie Ihre Hände in Mehl oder Speisestärke tauchen, bevor Sie die Knödel formen.
- Formen Sie die Klöße mit angefeuchteten Händen. Sind die Klöße schön kühl, lassen sie sich umso leichter rollen.
- Sehr gut können Sie Kloßteige auch mit einem Löffel und Ihrer angefeuchteten Hand oder mit zwei Löffeln portionieren.

Klöße gelingen am besten in weiten Gefäßen. So haben sie genug Platz zum Aufquellen.

Am besten lassen Sie das Kochwasser noch einmal kurz aufkochen, nachdem Sie die Klöße hineingesetzt haben. Danach dürfen sie nicht mehr kochen, sondern nur noch leise und offen sieden – sonst zerfallen sie. Dabei gelegentlich wenden.

Wenn Sie nicht sicher ist, ob der Teig die richtige Konsistenz hat, am besten einen Probekloß garen. Und danach, wenn nötig, den Teig mit Mehl, Grieß oder Semmelbröseln fester oder mit Milch, Butter oder Sahne geschmeidiger machen.

Die Klöße sind gar, wenn sie innen trocken und locker sind. Das heißt, sie dürfen keinen mehligen oder teigigen Kern mehr haben.

Die Kochzeit richtet sich nach der Größe der Klöße. Semmelknödel werden durch zu langes Kochen eher zäh, Kartoffel-, Brand- und Topfenteige hingegen zerfallen leicht.

Übrig gebliebene Knödel lassen sich gut für die Vorratshaltung im Tiefkühlfach aufbewahren. Am besten einzeln auf einem Brett einfrieren und dann in einen Gefrierbeutel geben. Bei Bedarf in siedendem Wasser auftauen und erwärmen.

KNÖDEL ALS SUPPENEINLAGE

MARKKLÖSSCHEN

FÜR 4–6 PORTIONEN
• 100 g Rindermark, gut gewässert • 130 g Weißbrot (4 Scheiben) • 50 ml Milch • 100 g Semmelbrösel • 1 EL fein gehackte Petersilie • 1 TL Schnittlauchröllchen • Salz und Pfeffer aus der Mühle • Muskat • 1 EL Butter • 1 Ei • 1 Eigelb

1 Das Rindermark in kleine Stücke schneiden und bei geringer Hitze in einer kleinen Pfanne zerlassen. Anschließend durch ein Sieb streichen und erkalten lassen.

2 Das Weißbrot entrinden und mit der Milch begießen. Das Brot kurz einweichen lassen, gut ausdrücken, durch ein feines Sieb streichen und mit Semmelbröseln, Petersilie und Schnittlauchröllchen vermengen. Mit Salz, Pfeffer und Muskat würzen.

3 Das erkaltete Mark mit der Butter schaumig rühren. Ei und Eigelb beim Rühren dazugeben und alles mit der Brotmasse verkneten. Anschließend 20 Minuten bei Zimmertemperatur quellen lassen.

4 Mit feuchten Händen walnussgroße Klößchen formen und in einer siedenden Brühe oder in Salzwasser etwa 10 Minuten ziehen lassen.

LEBERKNÖDEL

FÜR 4 PORTIONEN

- *200 g Kalbsleber*
- *1 große Zwiebel*
- *2 EL Butter*
- *70 g Weißbrot (2 Scheiben)*
- *60 ml Milch*
- *40 g Kalbsnierenfett*
- *2 Eier*
- *80 g Semmelbrösel*
- *2 EL fein gehackte Petersilie*
- *1 Knoblauchzehe*
- *Salz und Pfeffer aus der Mühle*
- *1 Msp. Majoran*
- *Etwas abgeriebene Zitronenschale*

1 Die Leber von den Strängen und Häuten befreien, waschen, trockentupfen und in breite Streifen schneiden. Die Zwiebel abziehen und fein hacken. Die Butter in einer Pfanne erhitzen, die Zwiebelwürfel darin glasig braten. Anschließend auskühlen lassen.

2 Das Weißbrot würfeln, in eine Schüssel geben und mit der Milch übergießen. Leber, Zwiebel und Kalbsnierenfett durch die feine Scheibe des Fleischwolfes drehen. Die Weißbrotwürfel ausdrücken und unter die Lebermasse mengen. Eier, Semmelbrösel und Petersilie dazugeben und alles gut miteinander verkneten. Die Knoblauchzehe abziehen und durch die Presse dazudrücken. Die Knödelmasse mit Salz, Pfeffer, Majoran und Zitronenschale würzen. Etwa 30 Minuten ruhen lassen.

3 In einem Topf reichlich Salzwasser zum Kochen bringen. Mit nassen Händen Knödel formen, diese in das kochende Salzwasser einlegen und bei milder Hitze offen in etwa 15 Minuten gar ziehen lassen. In heißer Fleischbrühe servieren.

HENNENKNÖDEL

FÜR 4–6 PORTIONEN

- *8 Brötchen vom Vortag*
- *1/4 l heiße Milch*
- *1/2 Schalotte*
- *1 EL Butter*
- *2 EL fein gehackte Petersilie*
- *2 Eier*
- *1/2 EL Mehl*
- *300 g durchgedrehtes rohes Hühnerfleisch*
- *1 TL abgeriebene Zitronenschale*
- *Salz und Pfeffer aus der Mühle*
- *Muskat*

1 Die Brötchen in Scheiben schneiden, in eine Schüssel geben und mit heißer Milch übergießen.

2 Die Schalotte abziehen und fein würfeln. Die Butter erhitzen, die Schalottenwürfel darin anschwitzen, dann die Petersilie kurz dazugeben. Beiseite stellen.

3 Die Brötchen mit den Eiern und dem Mehl vermischen. Hühnerfleisch, abgekühlte Schalotte, Petersilie und Zitronenschale dazugeben und alles gut vermengen. Mit Salz, Pfeffer und Muskat würzen.

4 Kleine Knödel formen und in einer Fleischbrühe 20 Minuten garen.

TIPP Sie können das Hühnerfleisch auch selbst durchdrehen: Einfach das Fleisch zweimal durch die feine Scheibe des Fleischwolfs drehen.

LEBERKLÖSSCHEN

FÜR 4 PORTIONEN
- *100 g Schweinefleisch*
- *100 g Schweineleber* • *Salz und Pfeffer aus der Mühle*
- *1 Zwiebel* • *1 EL Butter*
- *40 g Semmelbrösel* • *2 Eier*
- *Muskat* • *1 EL fein gehackte Petersilie*

1 Fleisch und Leber mit Salz und Pfeffer würzen. Die Zwiebel abziehen und würfeln. In einer Pfanne die Butter erhitzen und die Zwiebelwürfel darin anschwitzen. Kurz abkühlen lassen und mit dem Fleisch vermischen.

2 Die Masse durch den Fleischwolf drehen. Semmelbrösel und verquirlte Eier untermengen. Salzen und pfeffern, mit Muskat und Petersilie würzen.

3 Mit zwei nassen Teelöffeln kleine Portionen von der Masse abstechen und zu runden Klößchen formen.

4 Reichlich Salzwasser zum Kochen bringen, die Klößchen in das kochende Wasser einlegen und bei milder Hitze offen 5 Minuten ziehen lassen.
Mit Fleischbrühe servieren.

GRIESSNOCKERLN

FÜR 4 PORTIONEN
• 50 g weiche Butter • 1 Ei • 70 g Grieß • Salz • Muskat • 1 EL fein gehackte Petersilie

1 Butter und Ei schaumig rühren. Grieß, Salz, Muskat und Petersilie unterrühren. Anschließend die Masse mindestens 20 Minuten bei Zimmertemperatur quellen lassen.

2 Mit einem Esslöffel längliche Klöße abstechen und mit der linken nassen Handfläche glatt drehen. Die Nockerln in kochende Brühe geben und bei milder Hitze etwa 15 Minuten ziehen lassen, dabei ab und zu wenden.

BUTTERNOCKERLN

FÜR 4 PORTIONEN
• 60 g weiche Butter • 1 Ei • 1 Eigelb • 60 g Mehl • Salz • Muskat

1 Die weiche Butter schaumig rühren. Nacheinander Ei, Eigelb und Mehl unterrühren, bis eine weiche Masse entsteht. Mit Salz und Muskat nach Geschmack würzen. Die Masse bei Zimmertemperatur 10 Minuten quellen lassen.

2 Mit einem Teelöffel kleine Nocken abstechen und in kochende Brühe geben. Zugedeckt bei milder Hitze etwa 15 Minuten ziehen lassen.

THÜRINGER EIERNOCKEN

FÜR 4 PORTIONEN
• 100 g weiche Butter • 1 Ei • 4 Eigelb • 80 g Mehl • Salz und Pfeffer aus der Mühle • Muskat

1 Die Butter schaumig rühren. Ei, Eigelb und gesiebtes Mehl unterrühren und einen lockeren Teig zubereiten. Mit Salz, Pfeffer und Muskat würzen.

2 Mit einem Teelöffel kleine Nocken von der Masse abstechen und in leicht kochendem Salzwasser 5 Minuten ziehen lassen, bis die Nocken an der Oberfläche schwimmen. Mit der Schaumkelle herausheben, abtropfen lassen und mit Suppe servieren.

KALBSBRÄTNOCKEN

FÜR 4 PORTIONEN
• 200 g rohes Kalbsbrät • 1 Ei • 1 EL gehackte Mandeln • 1 TL abgeriebene Zitronenschale • Salz und Pfeffer aus der Mühle

1 Das feine Brät mit dem Ei sorgfältig vermischen. Mit den Mandeln und der Zitronenschale verfeinern. Mit Salz und Pfeffer würzen.

2 Mit zwei nassen Teelöffeln kleine Nocken abstechen und in siedender Fleischbrühe 20 Minuten ziehen lassen.

TIPP Luftiger werden die Nocken, wenn Sie unter das Kalbsbrät ein paar Löffel Sahne mischen.

SCHWAMMKLÖSSCHEN

FÜR 4 PORTIONEN
• 60 g Butter • 70 g Mehl • 130 ml Milch • 2 Eiweiß • 2 Eigelb

1 40 Gramm Butter erhitzen. Mehl, Milch und ein halbes Eiweiß verrühren und zu der Butter geben. Bei milder Hitze so lange rühren, bis sich der Teig vom Topfboden löst. Dann vom Feuer nehmen und etwas abkühlen lassen.

2 Die restliche Butter schaumig rühren, die Eigelbe unterrühren. Die Butter-Ei-Mischung mit dem Teig vermengen. Restliches Eiweiß steif schlagen und unter den Teig heben.

3 Mit zwei nassen Teelöffeln Klößchen abstechen. In siedende Fleischbrühe einlegen, einmal aufkochen lassen und zugedeckt bei milder Hitze 10 Minuten ziehen lassen, dabei ab und zu wenden.

KÄSEKLÖSSCHEN

FÜR 4 PORTIONEN

- *150 ml Milch*
- *50 g Grieß*
- *Salz und Pfeffer aus der Mühle*
- *Muskat*
- *70 g Bergkäse*
- *1 Eigelb*

1 Die Milch aufkochen. Den Topf vom Herd nehmen, den Grieß unterrühren, mit Salz, Pfeffer und Muskat würzen. Den Käse dazugeben und alles nochmals kurz erwärmen, dabei ständig rühren, bis der Käse geschmolzen ist. Den Topf vom Herd nehmen und das Eigelb unterrühren. Die Masse etwa 10 Minuten ruhen lassen.

2 Mit einem Teelöffel kleine Klößchen abstechen. In kochende Fleischbrühe geben und bei milder Hitze in 10 Minuten gar ziehen lassen.

GRÜNE KNÖPFLE

FÜR 4 PORTIONEN
• 1 Hand voll junger Blattspinat • 1 Bund Petersilie • 1 Bund Schnittlauch oder andere Kräuter • 2 EL Butter • ½ TL abgeriebene Zitronenschale • 100 g Semmelbrösel • 2 Eier • Salz und Pfeffer aus der Mühle • Evtl. 1–2 EL Mehl

1 Den Spinat waschen, verlesen und von den Stielen befreien. Sorgfältig trockentupfen. Die Kräuter abbrausen und trockenschwenken. Alles fein hacken und in der erhitzten Butter kurz anschwitzen. Mit Zitronenschale würzen. Aus der Pfanne nehmen und abkühlen lassen.

2 Die Spinat-Kräuter-Mischung mit den Semmelbröseln vermengen. Die Eier dazugeben und alles zu einem festen Teig verarbeiten. Mit Salz und Pfeffer würzen. Eventuell noch etwas Mehl einarbeiten, falls der Teig zu feucht ist.

3 Rinderbrühe aufkochen. Den Kräuterteig portionsweise durch den Spätzlehobel in die kochende Brühe drücken und gar ziehen lassen, bis die Knöpfle an die Oberfläche steigen.

TIPP Alternativ können Sie auch eine Mischung aus Petersilie, Kerbel, Estragon, etwas Lauch und fein gehackten Schalotten verwenden. Wie oben angegeben zu einem Teig verarbeiten, daraus Knödel formen und in der Suppe gar ziehen lassen.

REISKLÖSSCHEN

FÜR 4 PORTIONEN
• 150 g ausgelöstes rohes Hühnerfleisch • 1/2 Eiweiß • 1 Tasse gekochter Reis • 1 Prise Cayennepfeffer • 1 TL Worcester-Sauce • Etwas Dijon-Senf • Salz und Pfeffer aus der Mühle • Muskat

1 Das Fleisch mit dem Eiweiß im Mixer pürieren, den gekochten Reis hinzufügen und ebenfalls zerkleinern. Mit Cayennepfeffer, Worcester-Sauce, Senf, Salz, Pfeffer und Muskat kräftig würzen.

2 Mit einem nassen Teelöffel Klößchen abstechen und mit der Hand glatt drehen. Reichlich Salzwasser zum Kochen bringen. Die Klößchen in das kochende Wasser geben und bei milder Hitze offen gar ziehen lassen. Mit Fleischbrühe servieren.

KALBFLEISCHKNÖDEL

FÜR 4 PORTIONEN
• 1 Brötchen vom Vortag • 40 g Butter • 1 Ei • 200 g fein geschnittene Kalbfleischreste • 1 EL Semmelbrösel • 2 EL fein gehackte Petersilie • Etwas Zitronensaft • Salz • Muskat

1 Das Brötchen in Scheiben schneiden und mit Wasser benetzen. Gut ausdrücken. Butter und Ei schaumig schlagen. Fleisch, das zerpflückte Brötchen, Semmelbrösel, Petersilie und Zitronensaft untermengen. Mit Salz und Muskat kräftig abschmecken.

2 Kleine Knödel formen und 10 Minuten in einer Fleischbrühe ziehen lassen.

RICOTTANOCKEN

FÜR 4 PORTIONEN
• 75 ml Milch • 30 g Butter • Salz und Pfeffer aus der Mühle • Muskat • 70 g Mehl • 2 Eier • 200 g Ricotta • Einige fein gehackte Estragonblätter

1 Milch und Butter kurz aufkochen, mit Salz, Pfeffer und Muskat abschmecken. Das Mehl einrieseln lassen und unter ständigem Rühren zu einem dicken Brei kochen. Die Masse in eine Schüssel füllen, die Eier dazugeben und mit dem Quirl zu einem glatten Teig verarbeiten. Ricotta und Estragonblätter unterrühren. Den Teig etwa 40 Minuten abgedeckt kühl stellen.

2 Mit einem Teelöffel kleine Klößchen von der Masse abstechen und zu Nocken formen. In sprudelnde Fleischbrühe geben und bei milder Hitze in 5 Minuten gar ziehen lassen.

TIPP Die Ricottanocken passen auch gut zu Tomatensuppe!

PAPRIKANOCKEN

FÜR 4 PORTIONEN
• 40 g Butter • Salz • 2 Eier • 60 g Mehl • 2 EL Milch • 1 TL Rosenpaprika • 1 Msp. Cayennepfeffer • Etwas abgeriebene Zitronenschale

1 Die Butter schaumig rühren. Nach und nach Salz, Eier, Mehl und Milch zugeben und alles zu einem glatten Teig verarbeiten. Mit Paprika, Cayennepfeffer und Zitronenschale würzen. Die Masse zugedeckt 20 Minuten ruhen lassen.

2 Mit einem Teelöffel kleine Portionen von der Masse abstechen und zu Nocken formen. In sprudelndes Salzwasser geben, kurz kochen lassen und bei milder Hitze garen, bis die Nocken an die Oberfläche steigen. Mit der Schaumkelle herausheben, gut abtropfen lassen und mit einer Gemüsebrühe servieren.

SCHWEIZER CHNÖDEL

FÜR 4 PORTIONEN
• 100 g Egerlinge • 1 EL Butter • 2 EL fein gehackte Petersilie • 200 g Kalbsbrät • 1 Ei • Muskat

1 Die Pilze säubern, die Stielenden und alle wurmigen Stellen abschneiden, fein hacken. Die Butter in einer Pfanne erhitzen, Petersilie und klein gehackte Pilze dazugeben und dünsten, bis die Flüssigkeit verdampft ist. Beiseite stellen und abkühlen lassen. Mit Kalbsbrät und Ei gut vermischen und mit Muskat würzen.

2 Aus der Masse haselnussgroße Klößchen formen. In einem Topf reichlich Salzwasser aufkochen, die Klößchen hineinlegen und bei milder Hitze 5 Minuten garen. Mit der Schaumkelle aus dem Wasser nehmen und mit Fleischbrühe servieren.

SCHWÄBISCHE BRATKNÖDEL

FÜR 4 PORTIONEN

• 150 g Weißbrot (5 Scheiben) • 3 Eier • 40 g Butter • Salz und Pfeffer aus der Mühle • 1 EL abgeriebene Zitronenschale • 1 EL fein gehackte Petersilie • 1 EL Schnittlauchröllchen • 250 g durchgedrehtes Kalbfleisch

1 Das Weißbrot reiben. Die Eier verquirlen und mit dem Weißbrot vermengen. 10 Minuten quellen lassen. Butter, Salz, Pfeffer, Zitronenschale, Kräuter und Kalbfleisch zur Eimasse geben und zu einem Teig verarbeiten.

2 Mit einem Teelöffel haselnussgroße Klößchen von der Masse abstechen. Die Klößchen in eine kochende Fleischbrühe geben und darin einmal aufkochen lassen. Bei sanfter Hitze 6 Minuten zugedeckt garen lassen, bis sie an die Oberfläche steigen. Sofort servieren.

NIEDERBAYERISCHE SCHWEMMKLÖSSCHEN

FÜR 4 PORTIONEN
- 1/4 l Milch • 30 g Butter
- 125 g Mehl • 3 Eier
- Salz • Muskat

1 Die Milch mit der Butter aufkochen. Das Mehl unter ständigem Rühren dazugeben, bis sich der Teig vom Topfboden löst. Die Eier nach und nach unterrühren, mit Salz und Muskat würzen.

2 Aus der Masse mit einem nassen Teelöffel Klößchen abstechen. Die Klößchen in eine kochende Fleischbrühe geben und bei milder Hitze offen etwa 15 Minuten ziehen lassen.

HAMBURGER SCHWEMMKLÖSSE

FÜR 4 PORTIONEN
- 1/8 l Milch • 40 g Butter
- Salz • Muskat
- 60 g Mehl • 1 Ei

1 In einem Topf Milch, Butter, Salz und Muskat aufkochen. Das Mehl einrühren und so lange rühren, bis sich der Teig vom Topfboden löst. Vom Herd nehmen und das Ei einrühren.

2 Mit zwei Esslöffeln längliche Klöße abstechen und glatt drehen. Die Klöße in eine kochende Fleischbrühe geben und bei milder Hitze offen etwa 15 Minuten ziehen lassen, dabei ab und zu wenden.

HAMBURGER MEHLKLÖSSE

FÜR 4 PORTIONEN
• 130 g Mehl • 1/4 l Wasser • 130 g Butter • 1 Ei • Salz

1 Das Mehl in eine Schüssel sieben und in die Mitte eine Mulde machen. Wasser und Butter aufkochen, in die Mulde gießen und so lange rühren, bis ein Teig entsteht. Das Ei und eine Prise Salz hineinrühren.

2 Aus der Masse mit zwei nassen Esslöffeln Klöße abstechen. Reichlich Salzwasser zum Kochen bringen, die Klöße darin bei mittlerer Hitze garen, bis sie an die Oberfläche steigen. Mit der Schaumkelle herausheben und mit Fischsuppe servieren.

Knödel als Beilage oder Hauptgericht

Kartoffelklösse aus gekochten Kartoffeln

Für 4 Portionen
• 40 g Butter • 4 EL Weißbrotwürfel • 1 kg mehlig kochende Kartoffeln • 50 g Mehl • Salz • 2 Eier • 2 EL fein gehackte Petersilie

1 Die Butter in einer Pfanne erhitzen, die Brotwürfel darin goldbraun rösten und beiseite stellen.

2 Die Kartoffeln in der Schale weich kochen, abziehen und noch heiß durch die Kartoffelpresse drücken. Die Masse abkühlen lassen.

3 Mehl und 1 Teelöffel Salz untermischen. Die Eier verquirlen und zur Kartoffelmasse geben. Zuletzt die Petersilie dazugeben. Alles gründlich durchkneten, bis der Teig locker und trocken ist.

4 Aus dem Teig knapp tennisballgroße Stücke abteilen und auf der Handfläche flach drücken. Jeweils einige Brotwürfel in die Mitte geben und glatte runde Knödel formen. Etwa 3 Liter Wasser mit Salz zum Kochen bringen und die Knödel darin bei milder Hitze in 20 Minuten gar ziehen lassen.

FÜR 6 PORTIONEN

- 1 kg mehlig kochende Kartoffeln • Essig
- 500 g gekochte Kartoffeln
- Salz und Pfeffer aus der Mühle • Muskat
- 2 Brötchen vom Vortag
- 1 Ei • 1/4 l Milch

BAYERISCHE REIBEKNÖDEL

1 Die rohen Kartoffeln schälen und in eine Schüssel mit lauwarmem Essigwasser fein reiben, damit sie nicht braun werden. Die geriebenen Kartoffeln in ein Handtuch geben, das Wasser auspressen, auffangen und stehen lassen, bis sich die Kartoffelstärke abgesetzt hat. Die Flüssigkeit vorsichtig abgießen, das abgesetzte Stärkemehl auffangen und bis zur Weiterverwendung beiseite stellen.

2 Die gekochten Kartoffeln abziehen und durch eine Kartoffelpresse drücken. Rohe und gekochte Kartoffelmassen miteinander vermengen. Mit Salz, Pfeffer und Muskat würzen.

3 Die Brötchen reiben und mit dem Kartoffelteig vermengen. Ei, Milch und die Stärke dazugeben und den Teig gut durchkneten.

4 Mit nassen Händen tennisballgroße Knödel formen. In einem großen Topf reichlich Salzwasser zum Kochen bringen. Die Knödel in das kochende Wasser geben und einmal aufkochen lassen. Im offenen Topf bei milder Hitze etwa 15 bis 20 Minuten garen.

BAYERISCHE HOCHZEITSKNÖDEL

FÜR 4 PORTIONEN
• 120 g Butter • 3–4 Eier • Salz • Muskat • 150 g durchwachsene Speckwürfel • 150 g geriebener Emmentaler • 150 g fein geschnittenes Sauerkraut • 6 Brötchen vom Vortag

1 50 Gramm Butter mit den Eiern schaumig rühren, mit Salz und Muskat würzen. Speckwürfel, Käse, gut ausgedrücktes Sauerkraut und die fein würfelig geschnittenen Brötchen hinzugeben und alles gut durchkneten. Einen großen Knödel formen. Den Teig etwas quellen lassen.

2 Eine Serviette befeuchten und den Knödel darin straff einwickeln. Die Enden mit Küchengarn abbinden.

3 Reichlich Salzwasser zum Kochen bringen, den Knödel einlegen und 30 Minuten bei milder Hitze garen lassen.

4 In der Zwischenzeit die restliche Butter zerlassen. Den Knödel mit der Schaumkelle aus dem Wasser heben, sofort aufreißen und mit der Butter servieren.

TIPP Sie können den Knödel zum Garen auch in ein großes Stück Alufolie wickeln.

FÜR 4 PORTIONEN
• *4 Brötchen vom Vortag*
• *1 EL Butter* • *250 g Mehl*
• *1/2 Päckchen Backpulver*
• *Salz* • *1/8–1/4 l Milch*
• *2 Eier* • *Pfeffer aus der Mühle* • *Muskat*

BÖHMISCHE KNÖDEL

1 Die Brötchen fein würfeln und in der erhitzten Butter anrösten. Beiseite stellen.

2 Mehl, Backpulver und eine Prise Salz in einer Schüssel mischen, die Milch langsam dazugießen und gut mit dem Mehl verrühren. Die Milch vorsichtig dosieren (bei zu viel Milch gehen die Knödel nicht auf). Nach und nach die Eier dazugeben. Mit Pfeffer und Muskat würzen.

3 Die Brötchenwürfel unterarbeiten und den Teig so lange kneten, bis er weich und glatt, aber nicht klebrig ist. Mit bemehlten Händen zwei längliche Rollen formen und 20 Minuten stehen lassen.

4 Die Knödelrollen in kochendes Salzwasser geben und zugedeckt bei milder Hitze 30 Minuten ziehen lassen. Nach 15 Minuten wenden. Die fertigen Knödel mit der Schaumkelle herausheben und in 2 Zentimeter dicke Scheiben schneiden.

TIPP Reste vom Mittagessen kann man hervorragend in Butter und Zwiebeln rösten. Die Knödel in Scheiben schneiden, in Butter goldgelb anbraten, vor dem Servieren Zwiebeln und Schnittlauch darüber streuen.

FÜR 4 PORTIONEN
• 600 g mehlig kochende Kartoffeln • 130 g Mehl • 1 Ei • Salz und Pfeffer aus der Mühle

KARTOFFELKNÖDEL BÖHMISCHE ART

1 Die Kartoffeln in der Schale weich kochen, abziehen und noch heiß durch die Kartoffelpresse drücken. Mehl, Ei, Salz und Pfeffer untermischen. Alles zu einem glatten Teig verarbeiten.
2 Aus dem Teig 6 längliche Knödel formen. In einem großen Topf reichlich Salzwasser zum Kochen bringen.
3 Die Knödel in das kochende Wasser geben und bei milder Hitze in etwa 15 Minuten gar ziehen lassen. Nach 7 Minuten wenden. Mit der Schaumkelle herausheben und gut abtropfen lassen. Vor dem Servieren in Scheiben schneiden.

BADISCHE KLÖSSE

FÜR 4 PORTIONEN

• 750 g mehlig kochende Kartoffeln • 2 Brötchen vom Vortag • 30 g Butter • ½ Schalotte • 2 EL fein gehackte Petersilie • 2 Eier • Salz • Muskat • 30 g Mehl

1 Die Kartoffeln am Vortag in der Schale weich kochen, abziehen und zugedeckt an einem kühlen Ort aufbewahren.

2 Die Kartoffeln durch die Kartoffelpresse drücken. Anschließend die Brötchen in kleine Würfel schneiden. 1 Esslöffel Butter in einer Pfanne erhitzen und die Brotwürfel darin goldbraun rösten. Beiseite stellen.

3 Die Schalotte abziehen, fein hacken und zusammen mit der Petersilie in der restlichen erhitzten Butter kurz schwenken. Mit den Brotwürfeln und den Eiern zur Kartoffelmasse geben. Mit Salz und Muskat würzen und mit dem Mehl binden. Alles gut vermengen und zu einem glatten Teig verarbeiten.

4 Mit leicht bemehlten Händen Klöße formen. Reichlich Salzwasser erhitzen. Die Klöße in leicht siedendem Wasser garen, bis sie an die Oberfläche steigen. Mit der Schaumkelle herausheben und abtropfen lassen. Sofort servieren.

TIPP Diese Kartoffelklöße passen zu edlen Wildgerichten ebenso wie zu einem deftigen Schweinebraten.

FÜR 4 PORTIONEN
- 500 g mehlig kochende Kartoffeln • 150 g Vollkornmehl • 2 Eier • Salz • Muskat

VOLLKORN-KARTOFFELKLÖSSE

1 Die Kartoffeln am Vortag in der Schale weich kochen, abziehen und zugedeckt an einem kühlen Ort aufbewahren.

2 Die Kartoffeln durch die Kartoffelpresse drücken. Das Mehl untermischen. Die Eier verquirlen und zur Kartoffelmasse geben. Mit Salz und Muskat würzen. Die Masse zu einem glatten Teig verarbeiten.

3 Aus dem Teig Stücke abschneiden, daraus Knödel formen. In einem großen Topf reichlich Salzwasser zum Kochen bringen. Die Knödel in das kochende Wasser geben und einmal aufkochen lassen. Im offenen Topf bei milder Hitze etwa 20 Minuten garen.

BAYERISCHE SEMMELKNÖDEL

FÜR 4 PORTIONEN
- 6–8 Brötchen vom Vortag
- 1/4 l Milch
- 1 Schalotte
- 1/2 Bund Petersilie
- 60 g Butter
- 1 EL durchwachsene Speckwürfel
- Salz und Pfeffer aus der Mühle
- Muskat
- 4 Eier

1 Die Brötchen in Scheiben schneiden und in eine Schüssel geben. Die Milch erwärmen und über die Brötchen geben, zugedeckt 30 Minuten quellen lassen.

2 Die Schalotte abziehen und fein würfeln. Die Petersilie waschen, trockenschwenken und fein hacken. Die Butter in einer Pfanne zerlassen. Schalottenwürfel, Speckwürfel und Petersilie zufügen und kurz andünsten. Beiseite stellen.

3 Inzwischen in einem weiten Topf reichlich Salzwasser zum Kochen bringen. Die Brötchenmasse mit Salz, Pfeffer, Muskat, den Eiern und der Zwiebelmischung gut vermengen.

4 Mit angefeuchteten Händen kleine Knödel formen, in das kochende Wasser legen und bei milder Hitze 20 Minuten garen. Mit der Schaumkelle herausheben, abtropfen lassen und gleich servieren.

TIPP Semmelknödel schmecken hervorragend als Beilage zu Braten aller Art, zu Geflügel und Wild sowie zu Gulasch und Pilzen in Sahnesauce.

THÜRINGER SEMMELKLÖSSE

FÜR 4 PORTIONEN
- *100 g Champignons*
- *2 EL Butter* • *1/2 Zwiebel*
- *1 EL fein gehackte Petersilie*
- *Salz und Pfeffer aus der Mühle* • *170 g Weißbrot vom Vortag (6 Scheiben)*
- *2 Eier* • *1/4 l Milch*
- *300 g Mehl* • *2 TL Backpulver*

1 Die Pilze putzen, weiche Stellen und Stielenden abschneiden. In einer Pfanne die Butter erhitzen und die fein gehackten Pilze darin anbraten. Die Zwiebel schälen, fein hacken und zusammen mit der Petersilie unterrühren. Mit Salz und Pfeffer würzen. Alles unter ständigem Umrühren braten, bis alle Flüssigkeit verdampft ist. Beiseite stellen und abkühlen lassen.

2 Das Brot entrinden und in feine Würfel schneiden. Eier und Milch verrühren und über die Brotwürfel geben. Mehl, Backpulver, etwas Salz und die Pilze unterrühren und alles zu einem festen Teig verarbeiten. An einem warmen Ort 15 Minuten ruhen lassen. Nochmals auf einem bemehlten Brett durchkneten.

3 Mit feuchten Händen Klöße formen, diese 15 Minuten ruhen lassen. Anschließend in kochendes Salzwasser geben und bei milder Hitze in 20 bis 25 Minuten gar ziehen lassen.

TIPP Je nach Geschmack können Sie einen Esslöffel durchwachsene Speckwürfel mit den Pilzen anbraten.

SCHWAMMERLNOCKERLN

FÜR 4 PORTIONEN

• Semmelknödelteig (→Rezept Seite 35) • 250 g Steinpilze (ersatzweise Egerlinge) • 1 Schalotte • 1 Stange Lauch • 1 EL Butter • 2 EL durchwachsene Speckwürfel • 2 EL fein gehackte Petersilie

1 Den Semmelknödelteig wie angegeben vorbereiten.

2 Die Stielenden der Pilze und alle wurmigen Stellen abschneiden. Grob hacken. Die Schalotte abziehen und fein würfeln. Den Lauch putzen (nur den weißen Teil verwenden) und in feine Ringe schneiden. Die Butter zerlassen, Schalottenwürfel und Lauch darin glasig dünsten, Speckwürfel, Pilze und Petersilie hinzufügen und kurz anschwitzen. Beiseite stellen und abkühlen lassen.

3 Die Masse mit dem Semmelknödelteig vermengen. Mit einem Esslöffel vom Teig Nockerln abstechen und mit der linken nassen Handfläche glatt drehen. Die Nockerln in kochendes Salzwasser geben und bei milder Hitze gar ziehen lassen.

Knödelsalat

FÜR 4 PORTIONEN
• 4 Semmelknödel vom Vortag • 2 kleine Zwiebeln • 3 EL Essig • 4 EL Öl • Salz und Pfeffer aus der Mühle • Je 1/2 Bund Petersilie und Schnittlauch

1 Die Knödel in fingerdicke Scheiben schneiden. Die Zwiebeln abziehen und in feine Ringe schneiden. Knödelscheiben und Zwiebelringe in einer Schüssel anrichten.

2 Aus Essig, Öl, Salz und Pfeffer eine Vinaigrette zubereiten. Die Kräuter waschen, trockenschwenken, fein hacken und in die Vinaigrette geben. Über die Knödel träufeln und alles gut vermengen.

Geröstete Knödel mit Ei

FÜR 4 PORTIONEN
• 4 Knödel vom Vortag • 2 EL ÖL • 2 Eier • 2 EL Milch • Salz und Pfeffer aus der Mühle • 1/2 Bund Petersilie

1 Die Knödel halbieren, in Scheiben schneiden und in heißem Öl bei mittlerer Hitze goldbraun braten.

2 Die Eier mit Milch, Salz und Pfeffer verquirlen. Die Eimasse über die Knödel geben und zugedeckt bei milder Hitze stocken lassen. Wenden und die andere Seite 1 Minute rösten, zum Schluss mit einer Gabel in Stücke teilen.

3 Die Petersilie waschen, trockenschwenken und fein hacken. Die Knödel mit Petersilie bestreut servieren. Dazu passt ein grüner Salat.

GERÖSTETE KNÖDEL MIT SCHINKEN

FÜR 4 PORTIONEN
• 4 Knödel vom Vortag
• 150 g gekochter Schinken
• 2 EL Öl • Salz und Pfeffer aus der Mühle
• ½ Bund Petersilie

1 Die Knödel halbieren und in Scheiben schneiden. Den Schinken in Streifen schneiden. Knödel und Schinken in heißem Öl anbraten, mit Salz und Pfeffer würzen.
2 Die Petersilie waschen, trockenschwenken und fein hacken. Die Knödel mit Petersilie bestreut servieren.

Fleischklösse Thüringer Art

Für 4 Portionen
- *1 kg mehlig kochende Kartoffeln*
- *100 g Mehl*
- *2 Eier*
- *Salz und Pfeffer aus der Mühle*
- *1 kleine Zwiebel*
- *1 EL Butter*
- *130 g durchwachsene Speckwürfel*
- *250 g gemischtes Hackfleisch*
- *2 EL Semmelbrösel*

1 Die Kartoffeln in der Schale weich kochen, abziehen und noch heiß durch die Kartoffelpresse in eine Schüssel drücken. Mehl und Eier untermischen und so lange kneten, bis ein glatter Teig entstanden ist. Mit Salz und Pfeffer würzen.

2 Die Zwiebel abziehen, fein hacken und in der heißen Butter kurz andünsten. Etwas abkühlen lassen. Zwiebel- und Speckwürfel mit dem Hackfleisch und den Semmelbröseln vermengen und mit Salz und Pfeffer kräftig abschmecken.

3 Aus dem Teig knapp tennisballgroße Stücke abteilen und auf der Handfläche flach drücken. Jeweils etwas Fleischfüllung in die Mitte geben und glatte runde Klöße formen. Etwa 3 Liter Wasser mit Salz zum Kochen bringen und die Klöße darin in etwa 20 Minuten gar ziehen lassen.

TIPP Für diesen Kartoffelteig ist es wichtig, dass die Kartoffeln heiß passiert und anschließend sehr schnell verarbeitet werden.

Thüringer Speckklösse

FÜR 4 PORTIONEN
• 750 g mehlig kochende Kartoffeln • 2 Eier • 100 g Mehl • 2 EL Kartoffelstärke • Salz und Pfeffer aus der Mühle • Muskat • 1 Stange Lauch • 50 g durchwachsene Speckwürfel

1 Die Kartoffeln in der Schale weich kochen, abziehen und noch heiß durch die Kartoffelpresse in eine Schüssel drücken. Die Eier verquirlen und zusammen mit dem Mehl und der Stärke zur Kartoffelmasse geben. Mit Salz, Pfeffer und Muskat würzen und alles gründlich durchkneten.

2 Den Lauch putzen und in Ringe schneiden. Die Speckwürfel in einer Pfanne auslassen, den Lauch dazugeben und kurz anschwitzen. Beiseite stellen und auskühlen lassen.

3 Aus dem Teig knapp tennisballgroße Stücke abteilen und auf der Handfläche flach drücken. Jeweils etwas Speck-Lauch-Masse als Füllung in die Mitte geben und glatte runde Klöße formen.

4 In einem großen Topf reichlich Salzwasser zum Kochen bringen. Die Klöße in das kochende Wasser geben und einmal aufkochen lassen. Im offenen Topf bei milder Hitze in etwa 20 Minuten gar ziehen lassen.

TIPP Ein Gurkensalat, mit saurer Sahne angemacht, passt gut zu diesem deftigen Hauptgericht.

THÜRINGER HEFE-WICKELKLÖSSE

FÜR 4 PORTIONEN

• 500 g Mehl • 30 g Hefe • 1 TL Zucker • 300 ml lauwarme Milch • Salz • 50 g Butter • 80 g Weißbrotwürfel

1 Das Mehl in eine große Schüssel geben und eine Mulde in die Mitte drücken. Die Hefe in einer kleiner Schüssel zerbröckeln und mit dem Zucker, etwas Mehl sowie 2 Esslöffel lauwarmer Milch verrühren. Die Hefemischung in die Mulde geben und mit etwas Mehl bestäuben. Die Schüssel zugedeckt an einem warmen Ort stehen lassen, bis die Hefe Blasen bildet und aufgeht.

2 Die restliche lauwarme Milch und etwas Salz hinzugeben und alles so lange verkneten, bis sich der Teig von Schüssel und Händen löst. Dabei den Teig noch einmal kurz kräftig durcharbeiten, damit genügend Luft hineinkommt. Mit einem Küchentuch bedecken und an einem warmen, zugfreien Ort nochmals gehen lassen.

3 Die Butter in einer Pfanne erhitzen, die Weißbrotwürfel darin goldbraun anrösten und abkühlen lassen.

4 Den Teig auf einer bemehlten Arbeitsfläche zu einer 1 Zentimeter dicken viereckigen Platte ausrollen. Die Weißbrotwürfel darauf verteilen und etwas andrücken. Das Teigstück aufrollen, die Enden dabei fest zusammendrücken. Von der Teigrolle etwa 2 bis 3 Zentimeter dicke

Stücke abschneiden, dabei darauf achten, dass sich die Stücke nicht aufrollen. Die Stücke in Form drücken.

5 Reichlich Salzwasser in einem weiten Topf zum Kochen bringen, ein Tuch über den Topf spannen, die Wickelklöße drauflegen und mit einem zweiten, gleich großen Topf bedecken. Die Klöße 15 Minuten dämpfen.

STEIRISCHE WICKELKLÖSSE

FÜR 4 PORTIONEN

• 1 kg mehlig kochende Kartoffeln • 1 Ei • 1 Eigelb • 130 g Mehl • Salz und Pfeffer aus der Mühle • Muskat • 1 TL abgeriebene Zitronenschale • 60 g Butter • 75 g Weißbrotwürfel • Öl zum Bestreichen • Eiweiß zum Bestreichen

1 Die Kartoffeln in der Schale weich kochen, abziehen und noch heiß durch die Kartoffelpresse drücken. Ei, Eigelb und Mehl untermischen. Mit Salz, Pfeffer, Muskat und Zitronenschale zu einem glatten Teig verarbeiten.

2 Die Butter in einer Pfanne erhitzen, die Weißbrotwürfel darin goldbraun anrösten und abkühlen lassen.

3 Alufolie auslegen, mit Öl bestreichen und den Teig darauf zu einer 1 Zentimeter dicken viereckigen Platte ausrollen. Mit Eiweiß bestreichen und die Weißbrotwürfel darauf verteilen, dabei einen Rand stehen lassen. Das Teigstück aufrollen und in Alufolie fest einwickeln.

Aus der Folie nehmen und die Teigrolle in etwa 3 bis 4 Zentimeter dicke Stücke teilen, dabei darauf achten, dass sie zusammengerollt bleiben.

4 In einem großen Topf Salzwasser zum Kochen bringen. Die Wickelklöße vorsichtig hineinsetzen. Bei sanfter Hitze in 15 Minuten gar ziehen lassen.

BUCHWEIZENKLÖSSE

FÜR 4 PORTIONEN

• 500 g mehlig kochende Kartoffeln • 130 g durchwachsener Speck • 2 Zwiebeln • 1 EL fein gehackte Petersilie • 125 g Buchweizenmehl • 2 Eier • 2 EL Milch • Salz und Pfeffer aus der Mühle • Muskat • 80 g Butter • 100 g geriebener Bergkäse

1 Die Kartoffeln in der Schale weich kochen, abziehen und lauwarm durch die Kartoffelpresse drücken. Den Speck fein würfeln, die Zwiebeln abziehen und fein hacken.

2 Den Speck auslassen, die Zwiebelwürfel und die Petersilie kurz anschwitzen. Die Speck-Zwiebel-Mischung, Buchweizenmehl, Eier, Milch und Gewürze mit der Kartoffelmasse zu einem Teig verarbeiten.

3 Mit nassen Händen Klöße formen. In einem großen Topf reichlich Salzwasser zum Kochen bringen. Die Klöße darin bei milder Hitze etwa 20 Minuten garen. Mit zerlassener Butter und geriebenem Bergkäse servieren.

SERVIETTENKNÖDEL

FÜR 4 PORTIONEN
• 1/4 l Milch • 250 g Sahne • 4 Eier • 6 Brötchen vom Vortag • 250 g durchwachsener Speck • 4 Schalotten • 250 g Mehl • Salz und Pfeffer aus der Mühle • Muskat • 1 EL Butter • 1/2 Bund Petersilie

1 Die Milch und die Sahne erwärmen und mit den Eiern verquirlen. Die Brötchen in Scheiben schneiden und fein würfeln. Die Hälfte in der Eiermilch einweichen.

2 Den Speck würfeln und die Hälfte davon auslassen. Die restlichen Brotwürfel dazugeben und goldbraun rösten. Beiseite stellen und ausgekühlt zu den eingeweichten Brotwürfeln geben.

3 Die Schalotten abziehen. 1 Schalotte fein würfeln und unter die Masse geben. Nach und nach das Mehl untermengen, alles kräftig abschmecken und 20 Minuten quellen lassen.

4 Eine nasse Stoffserviette gründlich mit zerlassener Butter einstreichen. Aus der Brotmasse eine Rolle formen, straff in die Serviette einrollen und die Enden mit Küchengarn abbinden. Reichlich Salzwasser aufkochen, die Rolle einlegen und bei milder Hitze 1 Stunde und 15 Minuten ziehen lassen.

5 Unterdessen die restlichen Schalotten fein hacken. Die Petersilie waschen, trockenschwenken und ebenfalls fein hacken. Die restlichen Speckwürfel auslassen, Schalottenwürfel hinzufügen und die Petersilie untermengen. Den Knödel herausheben, auspacken, in Scheiben schneiden und mit der Speck-Schalotten-Mischung servieren.

GEFLÜGELBÄLLCHEN

FÜR 4 PORTIONEN
• 1/2 Bund Petersilie • 180 g Weißbrot vom Vortag (6 Scheiben) • 120 g Sahne • 400 g durchgedrehtes rohes Hühnerfleisch • 1 Eigelb • 1 TL abgeriebene Zitronenschale • 100 g geriebener Gruyère • Salz und Pfeffer aus der Mühle • Muskat • Etwa 4 EL Semmelbrösel • Pflanzenöl zum Ausbacken

1 Die Petersilie waschen, trockenschwenken und fein hacken. Das Weißbrot entrinden, fein würfeln und in der Sahne einweichen. Mit Fleisch, Eigelb, Petersilie, Zitronenschale und Käse vermengen. Mit Salz, Pfeffer und Muskat würzen. Sollte der Teig zu feucht sein, mit Semmelbröseln binden.

2 Mit nassen Händen knapp tennisballgroße Klöße formen und in Semmelbröseln wenden. Reichlich Öl in einer hohen, weiten Pfanne erhitzen und die Bällchen portionsweise von allen Seiten goldbraun ausbacken. Herausheben und auf Küchenpapier abtropfen lassen.

SPINATGNOCCHI MIT TOMATENSAUCE

FÜR 4 PORTIONEN
- 500 g frischer Blattspinat
- Salz
- 100 g Ricotta
- 100 g geriebener Parmesan
- 2 Eier
- 100 g griffiges Mehl (z.B. Wiener Grießler)
- 70 g Semmelbrösel
- Pfeffer aus der Mühle

TOMATENSAUCE
- 8 Tomaten
- 2 Knoblauchzehen
- 1 Schalotte
- 4 EL Olivenöl
- 2 EL Gemüsebrühe
- Salz und Pfeffer aus der Mühle
- 2 EL fein gehackte Petersilie

1 Den Spinat verlesen, sorgfältig waschen und abtropfen lassen. Dann 2 Minuten in reichlich kochendem Salzwasser blanchieren, kalt abschrecken, gut abtropfen und auskühlen lassen.

2 Mit der Kartoffelpresse das Kochwasser herausdrücken und den Spinat grob hacken. Mit Ricotta, Parmesan und Eiern vermischen, zum Schluss das Mehl und die Semmelbrösel untermengen. Die Masse zu einem Teig verarbeiten, mit Salz und Pfeffer würzen und 30 Minuten ruhen lassen.

3 Etwa 3 Liter Wasser in einem flachen Topf zum Kochen bringen. Mit 2 nassen Esslöffeln kleine Portionen von der Masse abstechen und zu länglichen Klößchen (Gnocchi) formen. In das sprudelnde Salzwasser setzen und bei milder Hitze etwa 10 Minuten garen (sie sind gar, sobald sie an die Oberfläche steigen).

4 Unterdessen die Tomaten mit heißem Wasser überbrühen und häuten. Das Fruchtfleisch würfeln und

AUSSERDEM
• 4 EL Olivenöl • 2 EL Mandelblättchen
• 4 EL geriebener Parmesan

entkernen, dabei die Stielansätze entfernen. Die Knoblauchzehen und die Schalotte abziehen und fein hacken. Das Olivenöl in einer Pfanne erhitzen und die Tomaten mit den Schalotte- und Knoblauchwürfeln kurz anschwitzen. Die Gemüsebrühe dazugießen, mit Salz, Pfeffer und Petersilie würzen, alles gut verrühren und etwas einköcheln lassen.

5 Inzwischen die Gnocchi mit der Schaumkelle aus dem Wasser nehmen und gut abtropfen lassen. 2 Esslöffel Olivenöl erhitzen und die Gnocchi darin schwenken. Die Mandelblättchen in einer Pfanne ohne Fettzugabe goldbraun rösten. Die Gnocchi mit der Tomatensauce anrichten, mit Parmesan und gerösteten Mandelblättchen bestreuen und mit dem restlichen Olivenöl beträufeln. Sofort servieren.

GNOCCHI MIT SALBEI

FÜR 4 PORTIONEN
• 1 kg mehlig kochende Kartoffeln • 1/2 Bund Petersilie • 250 g Mehl • 1 Ei • 1 Eigelb • 1 Prise Salz • 100 g Butter • 6 Salbeiblätter • 100 g geriebener Parmesan

1 Die Kartoffeln in der Schale weich kochen, abziehen und noch heiß durch die Kartoffelpresse auf ein bemehltes Holzbrett drücken.
2 Die Petersilie waschen, trockenschwenken und fein hacken. Mehl, Petersilie, Ei, Eigelb und Salz unter die Kartoffelmasse geben und so lange kneten, bis ein glatter Teig entstanden ist. Die Hände dabei immer wieder gut mit Mehl einstäuben.
3 Aus dem Teig Rollen von etwa 2 Zentimeter Durchmesser formen. Diese mit einem Messer in 2 Zentimeter lange Stücke schneiden. Mit einer Gabel längs eindrücken und zu ovalen Klößchen (Gnocchi) formen. Etwa 20 Minuten ruhen lassen.
4 Anschließend die Gnocchi portionsweise in siedendem Salzwasser garen. Sobald sie an die Oberfläche steigen, sind sie gar. Herausnehmen und gut abtropfen lassen.
5 Die Butter zerlassen, die Salbeiblätter darin schwenken. Die Gnocchi in die Pfanne geben und gründlich mit der Butter mischen. Mit Parmesan servieren.

TIPP Statt mit Butter und Salbei können Sie die Gnocchi auch mit Pesto (→ Seite 51) servieren.

GEMÜSENOCKERLN

FÜR 4 PORTIONEN
- 200 g Brezeln (3 Stück)
- 1/4 l Milch
- 1 Ei
- 2 EL fein gehackte Petersilie
- 3 EL pürierte Karotten
- Salz und Pfeffer aus der Mühle

1 Die Brezeln in 1 Zentimeter große Würfel schneiden. Mit aufgekochter, leicht abgekühlter Milch übergießen. Kurz stehen lassen. Ei, Petersilie und Karotten dazugeben. Zuletzt mit Salz und Pfeffer würzen.

2 Mit einem Esslöffel vom Brezelteig Nockerln abstechen. Reichlich Salzwasser aufkochen und die Nockerln darin bei milder Hitze gar ziehen lassen.

PESTO

FÜR 4 PORTIONEN
- 1 Knoblauchzehe
- 25 g Pinienkerne
- 80 g frische, gewaschene Basilikumblätter
- 1/4 TL grobes Meersalz
- 40 g geriebener Pecorino
- 80 g geriebener Parmesan
- 1/8 l Olivenöl

1 Den Knoblauch abziehen und fein hacken, die Pinienkerne in einer Pfanne trocken rösten, die Basilikumblätter in kleine Stücke zupfen. Alles mit dem Salz im Mörser zerreiben.

2 Die Kräutermischung in eine Schüssel geben, mit dem Pecorino und Parmesan vermischen. Das Olivenöl langsam zugießen und so lange rühren, bis eine cremige Sauce entstanden ist.

HECHTKLÖSSCHEN AUF BLATTSPINAT

FÜR 4 PORTIONEN
• 300 g Hechtfilet • Salz • 1 Ei • 450 g Sahne • 2 EL Crème fraîche • 1 Schalotte • 1 EL fein gehackte Petersilie • Pfeffer • Muskat • 1 kg Blattspinat • 2 EL Butter

1 Das Hechtfilet waschen, trockentupfen und in feine Würfel schneiden, dabei restliche Gräten entfernen. Die Fischwürfel salzen und mindestens 20 Minuten im Tiefkühlfach durchkühlen.

2 Das gekühlte Hechtfleisch mit Ei, Sahne und Crème fraîche in der Küchenmaschine pürieren. Die Schalotte abziehen und fein hacken. Mit der Petersilie unter die Hechtmasse rühren. Mit Salz, Pfeffer und einer Prise Muskat würzen.

3 Mit einem Esslöffel Klöße von der Hechtmasse abstechen und mit der linken nassen Handfläche glatt drehen. Reichlich Salzwasser aufkochen. Die Klöße bei milder Hitze 4 bis 6 Minuten garen.

4 Inzwischen den Spinat verlesen, grobe Stiele entfernen und sorgfältig waschen. Tropfnass in einen großen, hohen Topf geben, abdecken und 7 bis 10 Minuten kochen, dabei häufig wenden. Abtropfen lassen. Die Butter erhitzen und den Spinat darin kurz durchschwenken. Mit Salz und Pfeffer würzen. Die Hechtklößchen mit dem Spinat servieren.

INNVIERTLER SPECKKNÖDEL

FÜR 4 PORTIONEN

• 500 g mehlig kochende Kartoffeln • 130 g durchwachsener Speck • 2 EL fein gehackte Petersilie • 120 g Mehl • 2 EL Grieß • 2 Eier • Salz und Pfeffer aus der Mühle • Muskat

1 Die Kartoffeln am Vortag in der Schale weich kochen, abziehen und zugedeckt an einem kühlen Ort aufbewahren.

2 Den Speck fein würfeln und mit der Petersilie gut vermischen. Aus den Speckwürfeln kleine Kugeln formen.

3 Die Kartoffeln durch die Kartoffelpresse in eine Schüssel drücken. Mehl, Grieß, Eier, Salz, Pfeffer und eine Prise Muskat dazugeben und alles zu einem lockeren Teig verarbeiten.

4 Aus dem Teig Rollen formen und knapp tennisballgroße Stücke abschneiden. Die Stücke auf der Handfläche flach drücken. Jeweils eine Speckkugel in die Mitte geben und glatte runde Knödel formen. Reichlich Salzwasser in einem großen, weiten Topf aufkochen und die Knödel darin bei milder Hitze gar ziehen lassen.

TIPP Kartoffeln sollten dunkel, kühl und gut belüftet lagern. Ein trockener, kühler Keller eignet sich daher für die Langzeitlagerung am besten. In der Plastiktüte dagegen schimmeln die Kartoffeln schnell.

KASTANIENNOCKEN

FÜR 4 PORTIONEN
• 500 g mehlig kochende Kartoffeln • Salz • 100 g gekochte, passierte Kastanien • 100 g Mehl • 2 Eigelb • 70 g Butter • 1 EL Mandelblättchen • 1 EL fein gehackte Petersilie • 80 g frisch geriebener Pecorino

1 Die Kartoffeln schälen, in Salzwasser weich kochen und noch heiß durch die Kartoffelpresse in eine Schüssel drücken. Die Masse etwas abkühlen lassen.

2 Pürierte Kastanien, Mehl und die beiden Eigelbe unter die Kartoffelmasse mischen und so lange kneten, bis ein glatter Teig entstanden ist.

3 Mit zwei nassen Esslöffeln kleine Portionen von der Masse abstechen und zu kleinen, länglichen Klößchen formen. In sprudelndes Salzwasser setzen und bei milder Hitze 8 bis 10 Minuten garen.

4 Die Nocken mit der Schaumkelle aus dem Wasser nehmen, gut abtropfen lassen und kurz in der zerlassenen Butter schwenken. Die Mandelblättchen in einer Pfanne ohne Fettzugabe rösten. Mit Petersilie, Pecorino und Mandelblättchen bestreut servieren.

TIPP Im Mittelalter und in der Renaissance galten Edelkastanien als »Brot der Armen«. Heute sind sie vor allem in der feinen Küche eine beliebte Zutat für Suppen und Desserts.

THÜRINGER METTBÄLLCHEN

FÜR 4 PORTIONEN
• 90 g Weißbrot (3 Scheiben) • 4 Schalotten • 500 g Thüringer Mett (gewürztes Schweinehack) • 2 EL fein gehackte Petersilie • 1 TL Dijon-Senf • 1 Ei • Salz und Pfeffer aus der Mühle • 4 EL Pflanzenöl

1 Das Weißbrot entrinden und in kaltem Wasser einweichen. Die Schalotten abziehen und fein würfeln. Mett mit ausgedrücktem, zerpflücktem Weißbrot, Schalottenwürfeln, Petersilie, Senf und Ei zu einem Teig verkneten, mit Salz und Pfeffer würzen.

2 Mit nassen Händen aus dem Teig kleine Bällchen formen. Das Öl in einer weiten Pfanne erhitzen, die Bällchen darin portionsweise etwa 15 Minuten braten.

THÜRINGER MEHLKLÖSSE

FÜR 4 PORTIONEN
• 300 g Mehl • 2 Eier • 375 ml Milch • Salz • 200 g Weißbrot (7 Scheiben) • 2 EL Butter • Evtl. etwas Semmelbrösel

1 Mehl, Eier, Milch und eine Prise Salz zu einem Teig verarbeiten. Den Teig so lange schlagen, bis er Blasen wirft.

2 Das Weißbrot entrinden, fein würfeln, in zerlassener Butter kurz rösten und mit dem Teig vermengen. Ist der Teig zu feucht, etwas Semmelbrösel dazugeben.

3 Mit zwei nassen Esslöffeln Klöße abstechen. In sprudelndes Salzwasser setzen und bei milder Hitze etwa 15 Minuten ziehen lassen.

VOGTLÄNDER KARTOFFELKLÖSSE

FÜR 4 PORTIONEN
• 800 g mehlig kochende Kartoffeln • 2 Brötchen vom Vortag • 2 EL Butter • 1 Ei • 100 g saure Sahne • 2 EL Mehl • Salz • Muskat

1 Die Kartoffeln am Vortag in der Schale weich kochen, abziehen und zugedeckt an einem kühlen Ort aufbewahren.

2 Die Brötchen fein würfeln und in heißer Butter goldbraun rösten. Die Kartoffeln durch die Kartoffelpresse drücken. Mit Ei, saurer Sahne, Mehl und den Brotwürfeln vermengen, mit Salz und Muskat würzen.

3 Mit feuchten Händen Klöße formen. In einem großen Topf reichlich Salzwasser zum Kochen bringen. Die Klöße in das kochende Wasser einlegen und bei milder Hitze 10 bis 15 Minuten ziehen lassen.

FÜR 4 PORTIONEN
• 800–900 g mehlig kochende Kartoffeln
• 2 Knoblauchzehen • 1 Bund Petersilie • 3 Eier • 3/4 TL Salz • 150 g Semmelbrösel
• Je 4 EL geriebener Parmesan und Pecorino
• 120 g Taleggio
• 700 ml Pflanzenöl

Frittierte Kartoffelbällchen

1 Die Kartoffeln in der Schale weich kochen, abziehen und noch heiß durch die Kartoffelpresse drücken. In eine Schüssel geben und zum Abkühlen beiseite stellen.

2 Den Knoblauch abziehen und fein hacken, die Petersilie waschen, trockenschwenken und ebenfalls fein hacken. Knoblauch, Petersilie, Eier, Salz, 3 Esslöffel Semmelbrösel, geriebenen Parmesan und Pecorino unterrühren und alles zu einem festen Teig verarbeiten.

3 Den Taleggio in 16 Stücke schneiden. Aus dem Teig 16 längliche Klöße formen, in jeden Kloß einen Schlitz machen und 1 Stück Weichkäse stecken. Die Klöße in den restlichen Semmelbröseln wenden.

4 In eine Pfanne 3 Zentimeter hoch Öl gießen und erhitzen (es ist heiß genug, wenn ein 1 Zentimeter großer Brotwürfel in 30 Sekunden kross gebraten wird). Die Klöße in das heiße Öl geben und von beiden Seiten in etwa 4 Minuten ausbacken. Auf Küchenpapier abtropfen lassen. Sofort servieren.

SCHUPFNUDELN

FÜR 4 PORTIONEN
- 500 g mehlig kochende Kartoffeln
- 200 g Mehl
- 2 EL weiche Butter
- 1 Ei
- Salz
- Muskat
- Butter oder Butterschmalz zum Braten

1 Die Kartoffeln in der Schale weich kochen, abziehen und noch heiß durch die Kartoffelpresse drücken. In eine Schüssel geben und abkühlen lassen.

2 Anschließend mit Mehl, Butter und dem Ei vermischen und zu einem gut formbaren Teig verarbeiten. Mit Salz und Muskat würzen. Aus dem Teig eine 4 Zentimeter dicke Rolle formen. Davon 1 Zentimeter dicke Scheiben abschneiden und zu länglichen Nudeln rollen. Die Enden dabei spitz zulaufen lassen.

3 Reichlich Salzwasser erhitzen. Die Schupfnudeln portionsweise in siedendem Wasser 3 bis 4 Minuten garen lassen. Mit der Schaumkelle herausheben und abtropfen lassen. In heißer Butter oder Butterschmalz goldbraun braten. Mit grünem Salat servieren.

BUBESPITZLE

FÜR 4 PORTIONEN
• 1 kg mehlig kochende Kartoffeln • 3 Eier • 100 g Mehl • Salz • Butter zum Braten

1 Die Kartoffeln am Vortag in der Schale weich kochen, abziehen und zugedeckt kühl aufbewahren.

2 Die Kartoffeln durch die Kartoffelpresse drücken. Mit Eiern, Mehl und Salz zu einem festen Teig verarbeiten. Auf der bemehlten Arbeitsfläche eine lange Rolle formen. Davon 1 Zentimeter dicke Scheiben abschneiden und zu kleinen Würstchen formen.

3 Reichlich Salzwasser erhitzen. Die Bubespitzle in siedendem Wasser garen lassen, bis sie an die Oberfläche steigen. Mit der Schaumkelle herausheben und abtropfen lassen. Die Butter in einer Pfanne erhitzen und die Bubespitzle unter regelmäßigem Wenden braten, bis sie goldbraun werden.

BROTKNÖDEL

FÜR 4 PORTIONEN
• 500 g altbackenes Roggenmischbrot • $1/4$ l Milch • 1 Schalotte • 1 EL Butter • 2 Eier • 1 EL fein gehackte Petersilie • Salz • 1–2 EL Mehl

1 Das Brot fein würfeln und mit heißer Milch übergießen. Zugedeckt ziehen lassen.
2 Die Schalotte abziehen, fein würfeln und in heißer Butter dünsten. Schalottenwürfel, Eier, Petersilie, Salz und Mehl zu der Brotmasse geben und zu einem festen Teig verarbeiten. Ist der Teig zu feucht, noch etwas Mehl dazugeben.
3 Aus dem Teig Knödel formen. Reichlich Salzwasser zum Kochen bringen. Die Knödel in siedendem Wasser gar ziehen lassen.

KARTOFFELNOCKERLN

FÜR 4 PORTIONEN
• 500 g mehlig kochende Kartoffeln • 25 g Hefe • $1/8$ l Milch • 200 g Mehl • 1 Prise Salz • Butterschmalz zum Ausbacken

1 Die Kartoffeln in der Schale weich kochen, schälen und passieren. Die Hefe in lauwarmer Milch auflösen, mit Kartoffeln, Mehl und Salz zu einem Teig verarbeiten. 30 Minuten ruhen lassen.
2 Mit einem Teelöffel Nockerln abstechen. In reichlich Butterschmalz goldgelb ausbacken.

LEBERKNÖDEL PFÄLZER ART

FÜR 4 PORTIONEN
• 500 g durchpassierte Leber • 250 g Hackfleisch • 1 Schalotte • 50 g durchwachsener Speck • 2 EL Butter • 2 Brötchen vom Vortag • 60 ml Milch • 2 Eier • 1 TL getrockneter Majoran • Salz und Pfeffer aus der Mühle • Muskat • Evtl. etwas Semmelbrösel

1 Leber und Hackfleisch in einer Schüssel miteinander vermengen. Die Schalotte abziehen und fein würfeln. Den Speck ebenfalls würfeln. Speck- und Schalottenwürfel in der heißen Butter andünsten.

2 Die Brötchen in der Milch einweichen und gut ausdrücken. Schalotten- und Speckwürfel und die auseinander gezupften Brötchen zum Fleisch geben, diesen Teig mit den Eiern vermengen und kräftig würzen. Etwa 30 Minuten kalt stellen und gehen lassen. Sollte der Teig zu feucht sein, etwas Semmelbrösel untermengen.

3 Mit nassen Händen glatte, runde Knödel formen und in Fleischbrühe 15 Minuten gar ziehen lassen.

Kartoffelknödel aus dem Waldviertel

Für 4 Portionen
• 1 kg mehlig kochende Kartoffeln • 2 EL Schmalz • 1 Ei • Salz und Pfeffer aus der Mühle • 2 EL Mehl

1 250 Gramm Kartoffeln am Vortag mit der Schale garen, abziehen und zugedeckt an einem kühlen Ort aufbewahren.

2 Am nächsten Tag die gekochten Kartoffeln durch die Kartoffelpresse drücken. Die restlichen rohen Kartoffeln schälen, waschen und in eine Schüssel mit kaltem Wasser reiben.

3 Die geriebenen Kartoffeln mit der Schaumkelle in ein Tuch geben und gut ausdrücken. Dabei die ausgedrückte Flüssigkeit in einer Schlüssel auffangen und stehen lassen, bis sich die Stärke am Boden abgesetzt hat. Dann das klare Wasser vorsichtig abgießen. Die abgesetzte Kartoffelstärke mit den gekochten und den rohen Kartoffeln, dem Schmalz, Ei, Salz, Pfeffer und Mehl zu einem Teig verarbeiten.

4 In einem Topf reichlich Salzwasser zum Kochen bringen. Aus dem Teig mit nassen Händen glatte, runde Knödel formen, in das kochende Salzwasser einlegen und bei milder Hitze in etwa 20 Minuten gar ziehen lassen.

TIPP Diese Kartoffelknödel passen sehr gut zu Wildschwein- oder Hasenkeule und Rosenkohl.

FÜR 4 PORTIONEN
• 250 g Grieben • 8 Brötchen vom Vortag • 1 Zwiebel • 250 g Mehl • 3 Eier • 1/8–1/4 l Milch • Salz und Pfeffer aus der Mühle

GRAMMELKNÖDEL

1 Die Grieben auslassen. Die Brötchen in Scheiben schneiden. Die Zwiebel abziehen und fein hacken. Brötchen und Zwiebelwürfel mit den ausgelassenen Grieben, dem Mehl, den Eiern und der Milch vermischen. Die Milch dabei vorsichtig dosieren, bis ein fester Teig entsteht. Alles gut durchkneten und mit Salz und Pfeffer abschmecken.

2 Aus dem Teig Knödel formen und 20 Minuten in leicht siedendem Salzwasser gar ziehen lassen.

TIPP Grieben bekommt man, wenn man Schweinespeck ausbrät. Die dabei entstehenden Speckstückchen nennt man Grammeln. In Bayern kann man sie beim Metzger kaufen.

TIROLER KASNOCKEN

FÜR 4 PORTIONEN
- 6 Brötchen vom Vortag
- 1/8 l Milch • 1 Zwiebel
- 90 g Butter • 200 g Käse (Bergkäse, Tilsiter oder Emmentaler) • 1 EL fein gehackte Petersilie
- 1 EL Schnittlauchröllchen
- 2 Eier • 2 EL Mehl
- Salz • Etwas Kümmel
- 60 g geriebener Pecorino

1 Die Brötchen in Scheiben schneiden, mit der lauwarmen Milch übergießen und ziehen lassen.
2 Die Zwiebel abziehen und fein hacken. In 30 Gramm heißer Butter glasig dünsten. Den Käse fein würfeln. Zwiebel- und Käsewürfel zum Knödelbrot geben, mit Kräutern, Eiern, Mehl und Gewürzen gut vermengen.
3 Mit zwei nassen Esslöffeln kleine Portionen von der Masse abstechen und zu kleinen, länglichen Klößchen formen. In sprudelndes Salzwasser setzen und bei milder Hitze 15 Minuten garen.
4 Die Nocken mit der Schaumkelle aus dem Wasser heben und gut abtropfen lassen. Die restliche Butter zerlassen. Die Nocken kurz darin schwenken und mit der Butter und dem Pecorino servieren.
TIPP Sie können die Kasnocken auch in reichlich heißem Butterschmalz goldgelb ausbacken und dann erst in einer Suppe auskochen. Mit etwas fein gehackten, knusprig gerösteten Zwiebeln und Schnittlauchröllchen servieren.

Tiroler Rahmnocken

FÜR 4 PORTIONEN
• 200 g Weißbrot vom Vortag (7 Scheiben) • 1/4 l Milch • 150 g Mehl • 3 Eier • Salz • 2 EL fein gehackte Petersilie • 150 g Sahne • 60 g frisch geriebener Parmesan

1 Das Weißbrot klein schneiden, die lauwarme Milch drübergießen und ziehen lassen.

2 Mehl, Eier, Salz und Petersilie dazugeben und alles gut vermischen. Längliche Klößchen formen, diese in sprudelndes Salzwasser setzen und bei milder Hitze etwa 10 Minuten garen.

3 Die Sahne erhitzen. Die Nocken mit der Schaumkelle aus dem Wasser heben, gut abtropfen lassen und kurz in der Sahne schwenken. Mit Parmesan servieren.

Zwiebelnockerln

FÜR 4 PORTIONEN
• 1 Zwiebel • 30 g Butter • 1 EL fein gehackte Petersilie • 200 g Mehl • 2 Eier • 1/8 l Milch • Salz und Pfeffer aus der Mühle

1 Die Zwiebel abziehen und fein würfeln. In einer Pfanne die Butter zerlassen, die Zwiebelwürfel darin glasig dünsten und mit der gehackten Petersilie bestreuen. Mit Mehl, Eiern und Milch zu einem glatten Teig verrühren. Mit Salz und Pfeffer würzen.

2 Mit einem Teelöffel kleine Nocken von der Masse abstechen. In einem großen Topf reichlich Salzwasser zum

Kochen bringen und die Nockerln darin bei milder Hitze 15 bis 20 Minuten garen lassen.

KRÄUTERKNÖDEL

FÜR 4 PORTIONEN
• 1 kg mehlig kochende Kartoffeln • 90 g Hartweizengrieß • 70–80 g Mehl • Salz und Pfeffer aus der Mühle • Muskat • 2 Eier • 2 Eigelb • 1 Knoblauchzehe • 1 Bund Petersilie • 1 Bund Basilikum • 4 Kerbelzweige • 1 EL Schnittlauchröllchen

1 Die Kartoffeln in der Schale weich kochen, schälen und noch heiß durch die Kartoffelpresse drücken. Die Masse abkühlen lassen.

2 50 Gramm Grieß, Mehl, Salz, Pfeffer und Muskat untermischen. Die Eier und die Eigelbe verquirlen und zur Kartoffelmasse geben. Alles gründlich durchkneten. Eventuell noch etwas Mehl dazugeben.

3 Den Knoblauch abziehen, die Kräuter waschen und trockenschwenken. Den restlichen Grieß mit dem Knoblauch, den Kräutern und dem Schnittlauch im Mixer pürieren und unter den Kartoffelteig mischen.

4 Mit leicht bemehlten Händen tennisballgroße Knödel formen. In einem großen Topf reichlich Salzwasser zum Kochen bringen. Die Knödel in das kochende Wasser geben und einmal aufkochen lassen. Im offenen Topf bei milder Hitze etwa 15 bis 20 Minuten garen.

KÖNIGSBERGER KLOPSE

FÜR 4 PORTIONEN
- *1 Brötchen vom Vortag*
- *1 Zwiebel* • *1 EL Butter*
- *550 g gemischtes Hackfleisch* • *1 Ei* • *Salz und Pfeffer aus der Mühle*
- *1 l Fleischbrühe*
- *2 Lorbeerblätter*

KAPERNSAUCE
- *50 g Butter* • *45 g Mehl*
- *3 EL Kapern* • *Salz und Pfeffer aus der Mühle* • *3 EL Zitronensaft* • *2 Eigelb*
- *80 g Crème fraîche*

1 Das Brötchen etwa 10 Minuten in lauwarmem Wasser einweichen. Die Zwiebel abziehen und fein würfeln. In einer kleinen Pfanne die Butter zergehen lassen, die gehackte Zwiebel hineingeben und 5 Minuten glasig dünsten. Dann beiseite stellen.

2 Das Brötchen gut ausdrücken und zerpflücken, mit dem Hackfleisch, der Zwiebel, dem Ei und den Gewürzen gut vermengen.

3 Mit feuchten Händen aus dieser Fleischmasse Klopse von etwa 4 Zentimeter Durchmesser formen. Die Fleischbrühe mit den Lorbeerblättern würzen und aufkochen lassen. Die Fleischklöße hineingeben und in 15 bis 20 Minuten bei milder Hitze gar ziehen lassen. Mit der Schaumkelle aus der Fleischbrühe nehmen, in eine vorgewärmte Schüssel geben und mit Alufolie zudecken. $^1/_2$ Liter Fleischbrühe beiseite stellen.

4 Für die Kapernsauce die Butter in einem Topf heiß werden lassen, das Mehl zugeben und 3 Minuten unter

Rühren durchschwitzen. Mit der beiseite gestellten Fleischbrühe aufgießen. Mit dem Schneebesen glatt rühren und 10 Minuten bei milder Hitze sieden lassen, dabei immer wieder umrühren.

5 Die Kapern zugeben, mit Salz, Pfeffer und Zitronensaft abschmecken. Die Eigelbe verquirlen und mit der Crème fraîche unterziehen. Die Klöße in die Sauce geben und kurz erhitzen. Mit Salzkartoffeln oder Kartoffelbrei servieren.

INFO Königsberger Klopse, eine Spezialität der Einwanderer aus Ostpreußen, sind auch heute noch eine Delikatesse – vor allem die Berliner lieben sie sehr!

FÜR 4 PORTIONEN

• 4 Brötchen vom Vortag • 1/2 l Milch • 150 g Grünkernschrot • 2 Schalotten • 70 g Butter • 2 Eier • 1 EL Schnittlauchröllchen • 1 EL fein gehackter Kerbel • Salz und Pfeffer aus der Mühle • Muskat

GRÜNKERNKLÖSSE

1 Die Brötchen in dünne Scheiben schneiden und mit 1/4 Liter heißer Milch übergießen. Die restliche Milch erhitzen, den Grünkernschrot einstreuen, einmal aufkochen lassen, die Hitze reduzieren und den Grünkern ausquellen lassen.

2 Die Schalotten abziehen und fein würfeln. Die Butter in einer Pfanne erhitzen, die Schalottenwürfel darin glasig dünsten. Anschließend die ausgedrückten Brötchen und den Grünkernschrot hinzufügen und alles unter ständigem Rühren zu einem Teig verarbeiten. Die Masse aus der Pfanne nehmen und kurz abkühlen lassen. Die Eier und die Kräuter untermengen, mit Salz, Pfeffer und Muskat würzen.

3 Mit nassen Händen Klöße formen. Reichlich Salzwasser zum Kochen bringen, die Klöße in das kochende Wasser geben und einmal aufkochen lassen. Im offenen Topf bei milder Hitze etwa 15 Minuten garen.

INFO Grünkern ist das unreif geerntete, gedörrte und geschälte Korn des Dinkels, das vor allem als Suppeneinlage verwendet wird.

FISCHKNÖDEL

FÜR 4 PORTIONEN
• 7 Brötchen vom Vortag • 1/4 l Milch • 250 g gekochtes Fischfilet • 2 EL Mehl • 1 Ei • 2 EL fein gehackte Petersilie • 1 TL abgeriebene Zitronenschale • Salz

1 Die Brötchen in Scheiben schneiden, mit heißer Milch übergießen und einige Minuten stehen lassen.
2 Anschließend mit dem zerpflückten Fisch, Mehl, Ei, der Petersilie und Zitronenschale vermengen. Mit Salz würzen.
3 Aus der Masse Knödel formen. Reichlich Salzwasser zum Kochen bringen. Die Knödel in das sprudelnde Wasser legen. Sobald sie an die Oberfläche steigen, den Herd abschalten und etwa 12 Minuten ziehen lassen.

SÜSSE KNÖDEL

ERDBEERKNÖDEL

FÜR 4–6 PORTIONEN
- *500 g Magerquark*
- *100 g weiche Butter*
- *Salz* • *1 TL abgeriebene Zitronenschale* • *1 Ei*
- *1 Eigelb* • *250 g Mehl*
- *12 Erdbeeren*

1 Den Quark möglichst bereits am Vortag in ein mit Küchenpapier ausgelegtes Sieb geben und abtropfen lassen.
2 Die Butter schaumig rühren, eine Prise Salz, Zitronenschale, Ei und Eigelb unterrühren. Dann den Quark und das Mehl dazugeben und die Masse zu einem glatten Teig verarbeiten. Im Kühlschrank abgedeckt 30 Minuten ziehen lassen.
3 Aus dem Teig eine Rolle formen, die Rolle in Scheiben schneiden, jeweils 1 Erdbeere mit einer Teigscheibe umhüllen und daraus runde Knödel formen. Wenig gesalzenes Wasser erhitzen und die Knödel in leise siedendem Wasser etwa 10 Minuten gar ziehen lassen. Auf einem Sieb abtropfen lassen.
4 Inzwischen das Brot reiben. Die Brösel in zerlassener Butter rösten, mit Zucker und Mandelblättchen vermischen und die Knödel darin wenden.

AUSSERDEM
- *100 g Weißbrot (3 Scheiben)*
- *70 g Butter*
- *25 g Zucker*
- *3 EL Mandelblättchen*

APFEL-CALVADOS-KNÖDEL

FÜR 4 PORTIONEN
• 500 g Äpfel • 1 EL Zitronensaft • 25 g Butter • 1 EL Calvados • 2 Eier • 200 g Semmelbrösel • 30 g Zucker • 1/4 TL Zimt • 1 Msp. Vanillezucker • 80 g Rosinen • 1–2 EL Mehl • Butterschmalz zum Ausbacken

1 Die Äpfel schälen, fein raspeln und mit Zitronensaft beträufeln, damit sie nicht braun werden. In zerlassener Butter kurz durchschwenken, mit Calvados verfeinern. Die Pfanne vom Herd nehmen und etwas abkühlen lassen.

2 Die Eier zugeben, mit der Apfelmasse gut vermischen. Semmelbrösel, Zucker, Zimt, Vanillezucker und Rosinen unterrühren. Die Masse eine Weile stehen lassen. Ist sie zu feucht, noch etwas Semmelbrösel dazugeben.

3 Anschließend Knödel formen, in Mehl wenden und in siedendem Fett ausbacken.

APFELKLÖSSE

FÜR 4 PORTIONEN
• 3 Eier • 100 g Butter
• 1/8 l Milch • Salz
• 250 g Mehl • 1 kg Äpfel
• 2 EL Limettensaft
• 1 EL Calvados • 1 TL Zimt
• 30 g Zucker
• 50 g Mandelblättchen

1 Die Eier schaumig rühren. 30 Gramm Butter in einer Pfanne erhitzen und zusammen mit der Milch und einer Prise Salz zu den Eiern geben. Das gesiebte Mehl nach und nach unterrühren, bis ein glatter Teig entsteht.

2 Die Äpfel schälen, entkernen und fein würfeln. Die Apfelwürfel mit Limettensaft und Calvados beträufeln und unter den Teig rühren. Mit einem Esslöffel kleine Klöße abstechen, diese in Salzwasser 10 Minuten ziehen lassen.

3 Zimt und Zucker vermengen. Die restliche Butter in einem Topf zerlassen, die Mandelblättchen in einer Pfanne trocken rösten.

4 Die Klöße mit der Schaumkelle aus dem Wasser heben und auf einem Sieb abtropfen lassen. Mit Zimtzucker und Mandelblättchen bestreuen und mit der gebräunten Butter begießen.

Germknödel mit Mohn

Für 4 Portionen
- *15 g Hefe*
- *1 TL Zucker*
- *60 ml lauwarme Milch*
- *250 g Mehl*
- *1 Ei*
- *1 1/2 EL Zucker*
- *Salz*
- *50 g weiche Butter*
- *1 TL abgeriebene Zitronenschale*
- *100 g Pflaumenmus*
- *1 EL Zwetschgenwasser*
- *100 g gemahlener Mohn*
- *50 g Puderzucker*
- *120 g Butter*

1 Für den Vorteig die Hefe mit dem Zucker und etwas Milch verrühren, 1 Esslöffel Mehl unterrühren. Den Vorteig zugedeckt warm stellen und 15 Minuten gehen lassen.

2 Dann den Vorteig mit dem restlichen Mehl, Ei, Zucker, einer Prise Salz, Butter, Zitronenschale und der restlichen lauwarmen Milch zu einem Teig verkneten, dabei den Teig so lange schlagen, bis er glänzt und sich leicht vom Kochlöffel lösen lässt. Den Teig zugedeckt 1 Stunde ruhen lassen.

3 Das Pflaumenmus mit dem Zwetschgenwasser vermischen. Den Teig in acht gleich große Stücke teilen und flach drücken. In die Mitte jeder Teigscheibe 1 Esslöffel Pflaumenmus geben. Acht Klöße formen und auf ein bemehltes Brett geben, wo sie erneut zugedeckt 15 bis 20 Minuten gehen können.

4 In einem großen Topf reichlich Salzwasser zum Kochen bringen. Die Klöße in das leicht kochende Wasser geben, dabei darauf achten, dass sie sich nicht gegenseitig berühren (eventuell zwei Töpfe verwenden). Offen bei milder Hitze etwa 12 Minuten garen lassen. Nach der Hälfte der Kochzeit die Klöße vorsichtig wenden. Mit einer Nadel die Garprobe machen. Sie sind gar, wenn an der Nadel kein Teig haften bleibt. Die Germknödel mit der Schaumkelle aus dem Wasser nehmen, gut abtropfen lassen.

5 Den Mohn mit dem Puderzucker vermischen. Die Butter in einer Pfanne zerlassen. Die Knödel mit heißer Butter übergießen, mit gezuckertem Mohn bestreuen und sofort servieren.

TIPP Achten Sie beim Hefeteig darauf, dass alle Zutaten mindestens Zimmertemperatur haben.

Sie können die Knödel auch mit Aprikosen- oder Kirschkonfitüre füllen und mit geriebenen Nüssen servieren.

Dampfnudeln (süss)

Für 4 Portionen
- *500 g Mehl*
- *30 g Hefe* • *2 EL Zucker*
- *1/4 l lauwarme Milch*
- *2 EL Butter* • *2 Eier*
- *1 Prise Salz*

Zum Backen
- *60 g Butterschmalz*
- *1 EL Zucker*
- *1/4 l lauwarme Milch*

1 Das Mehl in eine Schüssel sieben, in die Mitte eine Mulde drücken. Die Hefe mit 1 Esslöffel Zucker unter ständigem Rühren in der lauwarmen Milch auflösen. Die Hefemischung in die Mehlmulde gießen und vom Rand her zu einem Vorteig verrühren. Mit einem Tuch abdecken und an einem warmen Ort 30 Minuten gehen lassen.

2 Die Butter zerlassen. Eier, Salz, Butter und den restlichen Zucker in den Vorteig einarbeiten und alles so lange verkneten, bis sich der Teig von Schüssel und Händen löst, dabei den Teig noch einmal kräftig durcharbeiten und mit der Hand schlagen, damit genügend Luft hineinkommt. Etwas Mehl drüberstäuben und an einem warmen, vor Luftzug geschützten Ort etwa 30 Minuten gehen lassen.

3 Den Teig noch einmal durchkneten und 4 Zentimeter dicke Rollen formen. Gleichmäßige, etwa 5 Zentimeter lange Stücke davon abschneiden und jedes Stück zu einer glatten Kugel rollen. Auf einem bemehlten Backbrett zugedeckt weitere 30 Minuten gehen lassen.

4 Butterschmalz in einer geräumigen Pfanne heiß werden lassen, den Zucker einstreuen und karamellisieren lassen. Dann die Dampfnudeln hineinsetzen und 4 Minuten anbraten.

5 Die Milch in die Zwischenräume – keinesfalls auf die Dampfnudeln – gießen. Den Deckel aufsetzen und die Hitze reduzieren. Ein feuchtes Tuch obenauf legen und die Nudeln 20 Minuten bei schwacher Hitze dämpfen lassen. Dabei nicht den Deckel heben, damit die Dampfnudeln nicht zusammenfallen. Mit Kompott servieren.

TIPP Sie können die Dampfnudeln sowohl im Backofen als auch auf dem Herd zubereiten. Süße Dampfnudeln schmecken gut zu eingemachtem Obst, Dörrobstkompott oder zu brauner Butter mit Obst.

DAMPFNUDELN (SALZIG)

FÜR 6 PORTIONEN
- 1 kg Mehl • 45 g Hefe
- 1/2 l lauwarme Milch
- 1 Ei • 1 Prise Salz
- 1 EL Öl

ZUM BACKEN
- 2 EL Öl • 1/4 l heißes Wasser • 1 Prise Salz

1 Das Mehl in eine Schüssel häufen, oben eine Mulde eindrücken. Die Hefe in eine zweite Schüssel zerbröckeln und mit der lauwarmen Milch zu einem Vorteig verrühren. Die Hefemischung etwa 10 Minuten an einem warmen Ort gehen lassen.

2 Das Ei in die Mulde schlagen, den aufgegangenen Vorteig, eine Prise Salz und das Öl einrühren und alles zu einem geschmeidigen Teig verarbeiten. Den Teig 30 Minuten zugedeckt gehen lassen.

3 Aus dem Teig eine Rolle formen, daraus Stücke schneiden und zu Küchlein formen. Auf einem bemehlten Backbrett weitere 30 Minuten zugedeckt gehen lassen.

4 Das Öl in einer weiten Pfanne mit gut schließendem Deckel erhitzen, das heiße Wasser und eine Prise Salz hinzufügen und die Dampfnudeln hineinsetzen. Zugedeckt bei mittlerer Hitze etwa 20 Minuten dämpfen. Während des Garens auf keinen Fall den Deckel heben! Sobald die Dampfnudeln gar sind, sofort den Deckel entfernen, damit kein Kondenswasser auf die Dampfnudeln tropft. Mit Weinsauce (→ Seite 82) oder Kartoffelsuppe servieren.

WEINSAUCE

FÜR 6 PORTIONEN
• 3 Eier • 150 g Zucker • 1 1/2 EL abgeriebene Zitronenschale • 1 1/2 EL Vanillezucker • 1 1/2 TL Speisestärke • 375 ml Weißwein • 1 1/2 EL Zitronensaft

1 Die Eier mit dem Zucker in einem Topf schaumig schlagen, Zitronenschale, Vanillezucker und Speisestärke dazugeben, dann Weißwein und Zitronensaft untermischen.

2 Die Weinsauce langsam und unter Schlagen zum Aufwallen bringen (sie darf aber keinesfalls sprudelnd kochen). Die Hitze reduzieren und die Sauce mindestens noch 1 Minute schlagen, bis sie schaumig ist. Zu den heißen Dampfnudeln in Suppentellern servieren.

MARILLENKNÖDEL

FÜR 4 PORTIONEN
- 500 g mehlig kochende Kartoffeln
- 100 g Mehl
- 30 g Grieß
- 1 Ei
- 80 g Butter
- Salz
- 12 Aprikosen
- 12 Stück Würfelzucker
- 80 g Semmelbrösel

1 Die Kartoffeln in der Schale kochen, abziehen und noch heiß durch die Kartoffelpresse drücken. Kartoffeln mit Mehl, Grieß, Ei, 2 Esslöffeln zerlassener Butter und einer Prise Salz rasch zu einem Teig verarbeiten. 10 Minuten quellen lassen.

2 Die Aprikosen (Marillen) waschen, entsteinen und in jede Marille statt des Steins 1 Stück Würfelzucker stecken.

3 In einem großen Topf reichlich Salzwasser zum Kochen bringen. Den Teig zu einer Rolle formen, dünne Scheiben davon abschneiden. Jede Marille mit einem Teigstück umhüllen und mit feuchten Händen zu einem Knödel formen. Die Knödel in das leicht kochende Salzwasser geben und etwa 10 Minuten bei milder Hitze ziehen lassen. Sobald der Knödel aufsteigt, mit der Schaumkelle herausnehmen.

4 Inzwischen die restliche Butter in einer Pfanne aufschäumen lassen. Die Semmelbrösel darin unter Rühren leicht rösten. Die gut abgetropften Knödel in den Bröseln wälzen und sofort servieren.

WALDVIERTLER BIRNENKNÖDEL

FÜR 4 PORTIONEN
• 2 große Birnen • 1 TL abgeriebene Zitronenschale • 1 EL Zucker • 500 g Kartoffeln • 100 g Grieß • 100 g Mehl • 2 EL Butter • 1–2 Eier • Salz • 1 Msp. Zimt • 130 g gemahlene Haselnüsse • 2 EL Puderzucker

1 Die Birnen schälen, Stiel, Blütenansatz und Kerngehäuse entfernen. In kleine Stücke schneiden und mit etwas Wasser, Zitronenschale und Zucker 15 Minuten garen. Herausnehmen und gut abtropfen lassen.

2 Inzwischen die Kartoffeln in der Schale kochen, abziehen und noch heiß durch die Kartoffelpresse drücken. Mit Grieß, Mehl, Butter, Ei, einer Prise Salz und Zimt vermengen. Die abgekühlten Birnenstückchen in den Teig einarbeiten.

3 In einem großen Topf reichlich Salzwasser zum Kochen bringen. Aus dem Teig kleine Knödel formen, diese in das kochende Wasser einlegen und bei milder Hitze etwa 15 Minuten ziehen lassen.

4 Die Haselnüsse mit dem Puderzucker vermischen. Die Knödel mit der Schaumkelle herausheben und im Nuss-Zucker-Gemisch wälzen. Sofort servieren.

TIPP Am besten verwenden Sie für dieses Rezept feste Winterbirnen, die sich ebenfalls zum Einmachen und Einlagern eignen.

PFLAUMENKLÖSSE THÜRINGER ART

FÜR 4 PORTIONEN
- 750 g Kartoffeln
- 2 Eier
- Salz
- 100 g Mehl
- 2 EL Kartoffelstärke
- 16 Pflaumen
- 16 Stück Würfelzucker
- 150 g Weißbrot (5 Scheiben)
- 60 g Butter
- 25 g Zucker

1 Die Kartoffeln in der Schale weich kochen, abziehen und noch heiß durch die Kartoffelpresse drücken. Die Eier verquirlen und zusammen mit einer Prise Salz, dem Mehl und der Stärke zur Kartoffelmasse geben. Alles gründlich zu einem lockeren, trockenen Teig verkneten.

2 Die Pflaumen waschen, entsteinen und mit je 1 Stück Würfelzucker füllen. Aus dem Teig acht Stücke abteilen und auf der Handfläche flach drücken. Jeweils 2 Pflaumen in die Mitte geben und glatte, runde Klöße formen.

3 In einem weiten Topf reichlich Salzwasser zum Kochen bringen. Die Klöße in das kochende Wasser geben und einmal aufkochen lassen. Im offenen Topf bei milder Hitze etwa 20 Minuten garen. Abtropfen lassen.

4 Inzwischen das Weißbrot reiben. Die Brösel in zerlassener Butter rösten, mit Zucker vermischen und die Klöße darin wenden.

TIPP Sie können von den Klößen auch gleich eine größere Menge zubereiten und sie ungekocht einzeln in Plastikbeuteln bis zur weiteren Verwendung einfrieren.

SCHLESISCHE HEFEKLÖSSE

FÜR 4 PORTIONEN

• 500 g Mehl • 40 g frische Hefe • 1/4 l lauwarme Milch • 2 Eier • 40 g Zucker • 140 g Butter • Salz • Pflaumenmus

1 Das Mehl in eine Schüssel sieben, in die Mitte eine Mulde drücken. Die Hefe in der lauwarmen Milch verrühren, in die Mulde gießen, leicht mit Mehl bestäuben und den Vorteig zugedeckt an einem warmen Platz auf das Doppelte aufgehen lassen.

2 Den Vorteig von der Mitte her zusammen mit den Eiern, dem Zucker, 60 Gramm weicher Butter und einer Prise Salz zu einem glatten Teig verkneten, zudecken und erneut aufgehen lassen. Den Teig nochmals kräftig schlagen, bis er Blasen wirft. Runde Klöße formen und diese auf einem bemehlten Holzbrett 10 bis 15 Minuten ruhen lassen.

3 In einem Topf reichlich Wasser mit etwas Salz zum Kochen bringen und die Klöße bei milder Hitze etwa 10 Minuten gar ziehen lassen. Nach 5 Minuten wenden. Die Hefeklöße mit der Schaumkelle aus dem Wasser nehmen. Sofort mit zwei Gabeln aufreißen, damit sie nicht zusammenfallen.

4 Die restliche Butter zerlassen. Die Klöße mit Butter und Pflaumenmus servieren.

BÖHMISCHE KARTOFFELNUDELN

FÜR 4 PORTIONEN

• 600 g mehlig kochende Kartoffeln • 150 g Mehl • 1 Ei • Salz • 100 g Butter • 100 g gemahlener Mohn • 50 g Puderzucker

1 Die Kartoffeln in der Schale weich kochen, abziehen und noch heiß durch die Presse drücken.

2 Mehl, Ei und eine Prise Salz untermischen und alles zu einem glatten Teig verarbeiten. Aus dem Teig eine 4 Zentimeter dicke Rolle formen. Davon 1 Zentimeter dicke Scheiben abschneiden und zu länglichen Nudeln formen. Die Enden dabei spitz zulaufen lassen.

3 Reichlich Salzwasser erhitzen. Die Kartoffelnudeln in siedendem Wasser 5 Minuten garen lassen. Mit der Schaumkelle herausheben und abtropfen lassen.

4 Die Butter in einer großen Pfanne zerlassen, den Mohn unterrühren. Die Nudeln darin wenden. Die Nudeln mit Puderzucker bestreut sofort servieren.

PFLAUMENKNÖDEL AUS BRANDTEIG

FÜR 4 PORTIONEN

- 1/4 l Wasser • 130 g Butter
- Salz • 160 g Mehl
- 1 Ei • 12 Pflaumen
- 12 Stück Würfelzucker
- 100 g Weißbrot (3 Scheiben)
- 25 g Zucker • 3 EL Mandelblättchen

1 Für den Brandteig in einem Topf das Wasser, 30 Gramm Butter und eine Prise Salz aufkochen. Das Mehl einrühren und bei milder Hitze so lange rühren, bis sich der Teig vom Topfboden löst. Dann vom Feuer nehmen, etwas abkühlen lassen und das Ei einrühren.

2 Die Pflaumen waschen, entsteinen und in jede Pflaume statt des Steins 1 Stück Würfelzucker stecken. Aus dem Teig eine 5 Zentimeter dicke Rolle formen, die Rolle in zwölf Scheiben schneiden. Jeweils 1 Pflaume mit einer Teigscheibe umhüllen und daraus runde Knödel formen.

3 Leicht gesalzenes Wasser erhitzen und die Knödel in leise siedendem Wasser etwa 8 Minuten garen. Mit der Schaumkelle herausnehmen und auf einem Sieb abtropfen lassen.

4 Inzwischen das Weißbrot reiben. Die Brösel in der restlichen erhitzten Butter rösten, mit Zucker und Mandelblättchen vermischen und die Knödel darin wenden. Sofort servieren.

SÜSSE MILCHKNÖPFLE

FÜR 4 PORTIONEN
• 1/2 l Milch • 30 g Butter
• Salz • 125 g Mehl
• 6 Eier

1 Für den Teig in einem Topf Milch, Butter und eine Prise Salz aufkochen. Das Mehl einrühren und bei milder Hitze so lange rühren, bis sich der Teig vom Topfboden löst. Dann vom Feuer nehmen, etwas abkühlen lassen und die Eier einrühren. Mit einem Holzlöffel alles gut vermengen. Mit einem Teelöffel Klößchen aus der Masse abstechen.

AUSSERDEM
• 1 l Milch zum Kochen
• 3 Eigelb • 60 g Zucker
• 1 Päckchen Vanillezucker
• Etwas abgeriebene Zitronenschale

2 Unterdessen von der Milch zum Kochen 3 Esslöffel Milch abnehmen und beiseite stellen. Die restliche Milch in einem weiten Topf aufkochen, die Klöße hineingeben und bei sanfter Hitze 5 Minuten kochen lassen, weitere 5 Minuten ziehen lassen. Die Knöpfle mit der Schaumkelle herausheben und warm stellen.

3 Die Eigelbe mit den 3 Esslöfeln Milch vermengen und zur heißen Milch geben, mit Zucker, Vanillezucker und Zitronenschale verfeinern, dabei aufpassen, dass die Milch nicht mehr zum Kochen kommt. Als Sauce zu den Milchknöpfle servieren. Nach Belieben Kompott dazu reichen.

TOPFEN-KARTOFFEL-KNÖDEL

FÜR 4 PORTIONEN
• 500 g Quark (20 % Fett) • 700 g große mehlig kochende Kartoffeln • 100 g Mehl • 100 g Wiener Grießler (besonders griffiges Mehl) • 140 g Butter • Salz • 12 Früchte (Erdbeeren, Aprikosen oder Zwetschgen) • 30 g Zucker • 100 g Weißbrot (3 Scheiben) • 1 TL Zimt

1 Den Quark (Topfen) in ein mit Küchenpapier ausgelegtes Sieb geben und abtropfen lasen.

2 Den Backofen auf 190 °C vorheizen (Umluft 170 °C). Die Kartoffeln waschen und ungeschält 1 Stunde im Ofen garen. Die Kartoffeln halbieren und auslöffeln, 500 Gramm Kartoffelmasse abwiegen, durch die Presse drücken und zum Topfen geben. Mehl, Grießler, 1 Esslöffel Butter und eine Prise Salz untermengen. Die Masse zu einem glatten Teig verarbeiten. Im Kühlschrank abgedeckt 30 Minuten ziehen lassen.

3 Aus dem Teig eine Rolle formen, die Rolle in Scheiben schneiden, jeweils 1 Frucht mit einer Teigscheibe umhüllen und daraus runde Knödel formen. Leicht gesalzenes und gezuckertes Wasser erhitzen und die Knödel in leise siedendem Wasser in etwa 15 Minuten gar ziehen lassen. Herausheben und gut abtropfen lassen.

4 Inzwischen das Weißbrot reiben. Die Brösel in der restlichen zerlassenen Butter rösten, mit Zucker und Zimt vermischen und die Knödel darin wenden.

FÜR 4 PORTIONEN

• 250 g Ricotta • 250 g Mehl • 1 Päckchen Trockenhefe • 2 Eigelb • Etwas Zimt • 1 TL abgeriebene Limettenschale • 90 g Waldhonig • Pflanzenöl zum Ausbacken • Puderzucker zum Bestäuben • 300 g Erdbeeren

FRITTIERTE RICOTTAKLÖSSCHEN

1 Ricotta mit Mehl, Trockenhefe, Eigelb, Zimt, Limettenschale und Honig zu einem Teig verarbeiten und 1 Stunde quellen lassen.

2 In eine Pfanne 2 Zentimeter hoch Öl gießen und bei hoher Temperatur erhitzen. Von der Teigmasse mit zwei nassen Teelöffeln Klößchen abstechen und portionsweise im heißen Öl etwa 3 bis 4 Minuten frittieren. Herausnehmen und auf Küchenpapier abtropfen lassen.

3 Die abgekühlten Ricottaklößchen mit Puderzucker bestäuben. Die Erdbeeren verlesen, waschen, putzen und vierteln. Die Ricottaklößchen mit Erdbeeren servieren.

KIRSCHKNÖDEL

FÜR 4–6 PORTIONEN
• 1 kg mehlig kochende Kartoffeln • 280 g Mehl • 1 Ei • 30 g Grieß • 60 g Butter • 300 g entsteinte Sauerkirschen • 100 g Weißbrot (3 Scheiben) • 70 g Butter • 2 EL Puderzucker

1 Die Kartoffeln in der Schale weich kochen, Schale abziehen und Kartoffeln noch heiß durch die Kartoffelpresse drücken.
2 Mehl, Ei, Grieß und Butter hinzugeben und die Masse zu einem festen Teig verarbeiten. Aus dem Teig eine Rolle formen, die Rolle in Scheiben schneiden, jeweils 3 bis 4 Kirschen mit einer Teigscheibe umhüllen und daraus runde Knödel formen.
3 Die Knödel in reichlich kochendem Salzwasser bei milder Hitze etwa 10 Minuten ziehen lassen, dann auf einem Sieb abtropfen lassen.
4 Unterdessen das Weißbrot reiben und die Brösel in zerlassener Butter rösten. Die Knödel mit Brösel und Puderzucker bestreuen. Sofort servieren.

Über dieses Buch

Die Autorin Christine Bier hat Germanistik, Anglistik und Linguistik studiert. Seit zehn Jahren arbeitet sie als Redakteurin, Autorin und PR-Beraterin für namhafte Verlage und Unternehmen. Zu ihren Schwerpunkten zählen Kochen, Gesundheit und Reise. Christine Bier sammelt mit Begeisterung Rezepte und kreiert auch selbst immer wieder neue Gerichte. Sie lebt in Duisburg.

Haftungsausschluss Die Inhalte dieses Buches sind sorgfältig recherchiert und erarbeitet worden. Dennoch kann weder die Autorin noch der Verlag für die Angaben in diesem Buch eine Haftung übernehmen.

Bildnachweis Alle Fotos Karl Newedel • Illustrationen: Beate Brömse, München

Weltbild Buchverlag
–Originalausgaben–

3. Auflage 2003

Projektleitung: Friederike Lutz
Redaktion: Heike Pressler
Bildredaktion: Susanne Allende
Umschlag: X-Design, München
Titelbild: Karl Newedel, München
Innenlayout/DTP/Satz: Lydia Koch, Augsburg
Reproduktion: Point-of-Media, Augsburg
Druck und Bindung: Offizin Andersen Nexö Leipzig GmbH,
Spenglerallee 26–30, 04442 Zwenkau

Gedruckt auf chlorfrei gebleichtem Papier

Printed in Germany

ISBN 3-89604-824-4

Unsere Rezepte werden von erfahrenen Fachautoren kreiert und erprobt. Wir freuen uns jedoch über Anregungen, Tipps oder Kritik und helfen bei Fragen gerne weiter. Bitte wenden Sie sich an: Weltbild Buchverlag, Steinerne Furt 67, 86167 Augsburg, oder schicken Sie uns eine E-Mail an: Simone.Abele@weltbild.de

Rezeptverzeichnis